IL LIBRO COMPLETO DI RICETTE DI DESSERT 2022

100 RICETTE FACILI E DIVERTENTI

ADONE BIANCHI

© COPYRIGHT 2022 TUTTI I DIRITTI RISERVATI

Lo scopo di questo documento è fornire informazioni accurate e affidabili sull'argomento e sul problema discusso. La pubblicazione viene venduta con l'idea che l'editore non debba fornire alcun servizio contabile, ufficialmente approvato o altrimenti qualificato. Se è necessaria una consulenza legale o professionale, dovrebbe essere nominato un professionista praticante.

Non è in alcun modo legale riprodurre, duplicare o trasmettere qualsiasi parte di questo documento in formato elettronico o cartaceo. La registrazione di questa pubblicazione è severamente vietata e l'archiviazione di questo documento è vietata senza l'autorizzazione scritta dell'editore. Tutti i diritti riservati.

Avviso di non responsabilità, Per quanto a nostra conoscenza, le informazioni contenute in questo libro sono veritiere e complete. Tutte le raccomandazioni sono fatte senza garanzia da parte dell'autore o dell'editore della storia. L'autore e l'editore declinano ogni responsabilità in relazione all'uso di queste informazioni

Sommario

INTRODUZIONE 9
RICETTE DI DOLCI 11
    1. Sorbetto alla fragola e menta 11
    2. Dessert veloce alle castagne 13
    3. Dessert croccante con banana e noci del Brasile 15
    4. Grigliare l'ananas 17
    5. Mousse al cioccolato al tofu 19
    6. Gelato veloce ai frutti di bosco 21
    7. Crema allo yogurt con frutta 23
    8. Ciotola fredda alla fragola 25
    9. Lasagne alle fragole 27
    10. Dessert al budino di chia 29

Dolci a basso contenuto di colesterolo DES 31
    11. Quark ciotola fredda 31
    12. Composta di mirtilli e pesche 33
    13. Sorbetto alla melissa 35
    14. Ricotta con mirtilli 38
    15. Mousse al cioccolato 40
    16. Arrosto di prugne 42
    17. Composta di sidro di mele 44
    18. Crostata di cocco e lamponi 46
    19. Brownie di Chia 48

20. Yogurt a strati di more 50

DOLCI A BASSO CONTENUTO DI GRASSI 52

21. Pere in camicia 52
22. Vaniglia peperoncino ananas 54
23. Torta di pesche 56
24. Crème brlée al caramello 58
25. Crema di avocado con miele 60
26. Macedonia di frutta tropicale con cocco 62
27. Muffin alle mele al forno 64
28. Tiramisù alla banana 66
29. Mela al forno al vino rosso 68
30. Tiramisù all'amaretto al lampone 70

DOLCI A BASSO ZUCCHERO 72

31. Praline croccanti al cioccolato 72
32. Cheesecake cruda ai mirtilli 74
33. Gelato al cioccolato su stecco 77
34. Muffin per colazione con mirtilli 79
35. Cheesecake alla zucca 81
36. Sfere energetiche 84
37. Cialde dolci alla zucca 86
38. Pane alla banana e noci pecan 88
39. Torta di datteri con mango 90
40. Biscotti di datteri allo zenzero 92

RICETTE PER I DOLCI ESTIVI 94

41. Riso al latte di cocco con mirtilli 94
42. Muffin alla ricotta con fragole 96
43. Torta crema di formaggio e yogurt con base di pan di spagna 99
44. Gelatina di lamponi 101
45. Ciotola a strati per espresso alla fragola 103
46. Bigiotteria senape e fragole strawberry 105
47. Panna cotta agli asparagi 107
48. Muffin alla banana e mirtilli 109
49. Sorbetto di avocado con fragole marinate 112
50. Crema di lamponi 114
51. Muesli magro alla fragola 116
52. Cheesecake al brownie 118
53. quiche di asparagi 120
54. Quiche di zucchine e formaggio 122
55. Cheesecake alle mele 124
56. I gressini al cavolfiore 126
57. Torta di frutta al cioccolato 128
58. Fragole al cioccolato con cardamomo 130
59. Dessert croccante con banana e noci del Brasile 132
60. Crema allo yogurt con frutta 134
61. Muffin di farina d'avena e bacche 136
62. Mirtilli e mele croccanti 138

63. Meringa alla festa dei lamponi con crema diplomatica 140

64. Crumble di pere con salsa alla vaniglia 143

65. Casseruola di riso con ciliegie 145

66. Povero cavaliere con composta di mele 147

67. Frittelle con lamponi e ricotta..................... 149

68. Tiramisù alle fragole..................... 151

69. Carpaccio di papaya con pesto di menta 153

70. Cialde di farro con salsa di ciliegie 155

71. Torta alla frutta senza zucchero..................... 158

72. Mousse al cioccolato con avocado 160

73. Gelato di avocado e menta con cioccolato 162

74. Ricotta con prugne..................... 164

75. Ghiaccioli zucchine e menta..................... 167

76. Ghiacciolo Skyr al ribes 169

77. Ghiacciolo all'ananas..................... 171

78. Gelato al cocco e cioccolato con semi di chia 173

79. Mousse di cheesecake ai lamponi 175

80. Biscotti con gocce di cioccolato 177

81. Sorbetto al mango..................... 179

82. Sorbetto alla vodka al limone 181

83. Anguria alla griglia..................... 183

84. Ciotola fredda alla fragola..................... 185

85. Albicocche cotte al miele 187

86. Torta di riso con mortadella 189

87. Polpette 191

88. Crosta di cioccolato 193

89. Granola fatta in casa 196

90. Spuma di moka su more 198

91. Crema di riso al latte alla fragola dal piroscafo 200

92. Torta di pere e semi di papavero in tazza 202

93. Gratin di cagliata di fragole 204

94. Gnocchi di fragole fatti con la pastella in vaso 206

95. Tazza di strudel in stampini da muffin 208

96. Tiramisù al lampone brillo 210

97. Riso integrale al latte con ciliegie 212

98. Gelato al cocco e lime 214

99. Budino al latte di chia e mandorle 216

100. Insalata di arance e pompelmi 218

CONCLUSIONE 220

INTRODUZIONE

Un "dessert" è un pasto che viene servito dopo cena. I piatti da dessert sono generalmente dolci, ma possono anche essere piatti speziati come il formaggio, come nella cheesecake. Il dessert deriva dall'antico termine francese "desservir", che significa "pulire la tavola". Il dessert è spesso confuso con la parola deserto (notare la singola "s"), che si riferisce a un lembo di terra spoglio con sabbia come fondo.

L'ascesa della borghesia e l'industrializzazione del commercio dello zucchero hanno portato al popolo il privilegio dei dolci solo nel XIX secolo, quando non erano più riservati alla nobiltà o come raro regalo di festa. Questo perché lo zucchero è diventato più conveniente e accessibile al pubblico in generale. I dessert si sono sviluppati e sono diventati popolari quando lo zucchero è diventato ampiamente disponibile.

I piatti da dessert sono un argomento di conversazione comune nella cultura odierna in quanto sono un ottimo modo per convincere le persone alla fine di una cena. Principalmente, questo perché quando servi un pranzo mediocre ma un ottimo dessert, è più probabile che le persone ricordino il dessert piuttosto che il cibo.

Alcuni dei dolci più comuni sono:

- Biscotti o biscotti
- ghiaccio
- meringa
- frutta
- torta
- briciole
- budino alla vaniglia
- Dolci di gelatina
- budino
- pasticcini
- Torte o crostate

RICETTE DI DOLCI

1. Sorbetto alla fragola e menta

ingredienti

- 250 g fragole (fresche)
- 120 ml di sciroppo di zucchero (1 parte di acqua bollita con 1 parte di zucchero)
- 1/2 arancia (succo e scorza)
- 1/2 limone (succo)
- 15 foglie di menta
- foglie di melissa (per guarnire)
- foglie di menta (per guarnire)

preparazione

1. Per il sorbetto alla fragola e menta, lavate e mondate le fragole e privatele del picciolo. Tritare le foglie di menta e mescolare finemente con tutti gli altri ingredienti. Congelare il composto nella macchina per il ghiaccio o versarlo in una padella poco profonda e congelarlo mescolando ripetutamente.
2. Forare gli gnocchi con un cucchiaio immerso in acqua calda e servire in ciotoline di vetro o bicchieri adatti. Guarnire il sorbetto alla fragola e menta con foglie di menta o melissa.

2. Dessert veloce alle castagne

ingredienti

- 1 arancia
- 1 cucchiaino di zucchero semolato
- 1 cucchiaino di cannella

Per la crema di castagne:

- 250 g di riso alle castagne
- 2 cucchiai da tavola di latte
- 150 g di mascarpone
- 60 g di zucchero a velo
- 1 cucchiaio di rum
- 200 g di panna montata

Per l'insieme:

- 100 g di cacao in polvere (non zuccherato)

- 4 cucchiaini di croccante
- 1 arancia (in colonne)
- 4 castagne (sbucciate, cotte)

preparazione

1. Lava bene l'arancia. Strofinare la pelle, quindi sfilettare la polpa. Cospargete i filetti di arancia con zucchero semolato e cannella.
2. Rimuovere 4 cucchiai di riso alle castagne. Frullare la quantità rimanente con il latte fino a che liscio. Montare la panna montata a neve.
3. Mescolate il mascarpone con la purea di castagne, lo zucchero, il rum e 1 cucchiaino di scorza d'arancia fino ad ottenere una schiuma. Aggiungere la panna montata.
4. Mettere 1 cucchiaio di riso alle castagne tolto nei bicchieri da dessert, adagiare sopra dei filetti di arancia e riempire i bicchieri con la crema di castagne. Spolverare la superficie con abbondante cacao amaro, spolverare con il croccante e guarnire con spicchi d'arancia e castagne intere a piacere.
5. Raffreddare fino al momento di servire.

3. Dessert croccante con banana e noci del Brasile

ingredienti

- 400 g di yogurt alla banana
- 200 g di muesli croccante
- 150 ml di latte
- 3 banane (piccole)
- 100 g di noci brasiliane
- 50 ml di sciroppo d'acero

preparazione

1. Mettere a bagno il muesli nel latte per circa 15 minuti.
2. Tritare le noci del Brasile e tostarle in padella senza grassi. Aggiungere lo sciroppo d'acero, mescolare brevemente e togliere dal fuoco.
3. Sbucciare le banane e tagliarle a pezzetti. Conserva alcune fette per la decorazione. Mescolare le fette di banana con il composto di noci e acero.
4. Filtrare il muesli, versare nelle ciotole, spalmare sopra il composto di noci e banana, guarnire con yogurt alla banana e qualche pezzo di banana.

4. Grigliare l'ananas

ingredienti

- 5 grani di pimento
- 15 g di zucchero di canna intero (1 cucchiaio)
- 4 cucchiai di cocco disidratato
- 1 ananas
- 2 cucchiai di olio
- 1 cucchiaio di sciroppo d'acero

Fasi di preparazione

1. Pestare il pimento in un mortaio e mescolare con lo zucchero.
2. Tostare le scaglie di cocco in una padella senza grassi. Fate raffreddare su un piatto.
3. Sbucciare l'ananas, tagliarlo a fette spesse 2 cm e spennellare con un filo d'olio.
4. Grigliare brevemente le fette di ananas su entrambi i lati sulla griglia molto calda e, dopo averle girate, spolverare con lo zucchero di pimento. Disponete le fette di ananas su un piatto. Irrorare le fette di frutta con lo sciroppo e cospargere con le scaglie di cocco.

5. Mousse al cioccolato al tofu

ingredienti

- 100 g di cioccolato fondente (almeno 70% di cacao)
- 1 piccola arancia biologica
- 1 baccello di vaniglia
- 80 g di zucchero di fiori di cocco
- 700 g di tofu vellutato
- 40 g di cacao in polvere
- 3 cucchiai di espresso freddo chill
- 2 proteine
- Sale-

Fasi di preparazione

1. Tritare grossolanamente il cioccolato.
2. Sciogliere il cioccolato in una ciotola a bagnomaria caldo ma non bollente.
3. Sciacquare l'arancia con acqua calda, strofinare e strofinare finemente la buccia. (Usa la frutta altrove.)
4. Tagliare a metà il baccello di vaniglia per il lungo, raschiare la polpa e mescolarla con lo zucchero di fiori di cocco.
5. Sbattere il tofu, il cacao in polvere, la scorza d'arancia, lo zucchero vanigliato e l'espresso con la frusta del frullatore a immersione o nel robot da cucina fino a ottenere una crema.
6. Aggiungere il cioccolato al composto di tofu e mescolare fino a che liscio.
7. Separare le uova (usare il tuorlo in modo diverso). Sbattere l'albume con un pizzico di sale utilizzando una frusta a mano.
8. Piegare l'albume sotto il composto di tofu. Versare la mousse nei bicchieri e lasciar raffreddare per 2 ore.

6. Gelato veloce ai frutti di bosco

ingredienti

- 350 g frutti di bosco misti (surgelati)
- ½ limone
- 125 ml di latticello
- 1 cucchiaino di cannella
- 4 cucchiai di miele liquido
- 2 gambi di melissa

Fasi di preparazione

1. Metti le bacche in un contenitore alto e lascia scongelare per circa 5 minuti. Nel frattempo, spremere 1-2 cucchiai di succo di limone.
2. Mescolare il latticello, la cannella, il miele e il succo di limone.
3. Versate il latticello stagionato sui frutti di bosco e frullate il tutto con un frullatore a immersione. Mettere il ghiaccio in freezer per 10 minuti. Tagliare le palline con la paletta per gelato. Lavate la melissa, asciugatela bene, staccate le foglie e guarnite con essa il gelato.

7. Crema allo yogurt con frutta

ingredienti

- 250 g di yogurt
- 2 cucchiai di zucchero a velo
- 1 limone (succo)
- 2 fogli di gelatina
- 120 g panna (montata (più facile in ufficio da una lattina))
- 100 g di frutti di bosco
- 1 pezzo di kiwi
- 1 mela

preparazione

1. Per la crema allo yogurt alla frutta, mettere a bagno i fogli di gelatina in acqua fredda. Mescolare lo yogurt con il succo di limone e lo zucchero fino ad ottenere un composto omogeneo. Scaldare circa 2 cucchiai della miscela di yogurt in un pentolino, scioglervi la gelatina pressata e incorporarla alla miscela di yogurt. Incorporare la panna montata. Versare in piatti fondi o bicchieri e lasciar raffreddare brevemente in freezer. Sbucciare il kiwi e tagliarlo a fette. Sbucciare la mela a piacere e tagliarla a spicchi. Distribuire le bacche e i frutti in modo decorativo sulla crema.

8. Ciotola fredda alla fragola

ingredienti

- 250 g di latticello
- 125 g di panna montata
- 125 g di yogurt
- 250 g di fragole
- 3 cucchiai di zucchero
- 1 spruzzata di succo di limone
- 1 cucchiaino di zucchero vanigliato

preparazione

1. Per la ciotola fredda alla fragola, frulla tutti gli ingredienti e metà delle fragole in un frullatore.
2. Tagliare a metà la seconda metà delle fragole e mescolare con la massa frullata prima di servire. Incorporare con cura la panna montata.
3. Servire la coppa di fragole fredda nelle ciotole. Decorate con menta, scaglie di cioccolato, pistacchi o qualcosa di simile.

9. Lasagne alle fragole

ingredienti

- 250 g di mascarpone
- 1 baccello di vaniglia
- 150 g di yogurt naturale
- 250 ml di panna montata
- 1 kg di fragole
- 1 confezione di dita da donna
- 3 cucchiai di zucchero a velo

preparazione

1. Per le lasagne alle fragole, aprite il baccello di vaniglia e raschiatelo. Amalgamare bene la polpa di vaniglia con il mascarpone e lo yogurt naturale. Montare la panna montata a neve e incorporarla al composto.
2. Sciacquare e scolare le fragole. Tagliatene 250 g a pezzetti. Mettere una parte in una teglia come base. Foderare il secondo strato con i savoiardi. Frullate le restanti fragole con lo zucchero a velo e versate sui savoiardi come terzo strato. Stratificare i singoli ingredienti alternativamente come al solito.
3. Poi mettete lo stampo in frigorifero per qualche minuto. Per le lasagne alla fragola, grattugiare il cioccolato e cospargerlo poco prima di servire.

10. Dessert al budino di chia

ingredienti

- 3 cucchiai di semi di chia
- 100 ml di latte di mandorle (o latte di riso, ecc.)
- 100 g frutti di bosco (misti, possibilmente congelati, scongelati)
- 3 cucchiai di yogurt (10% di grassi)
- 4 cucchiai di farina d'avena
- Frutti di bosco (misti, freschi)

preparazione

1. Per il dessert al budino di chia, dividi i semi di chia in 2 bicchieri o ciotole e versaci sopra il latte di mandorle. Mescolate bene il latte e i semi e lasciate macerare in frigorifero per almeno 30 minuti. Nel frattempo frullate i frutti di bosco.
2. Quando i semi sono pronti, spalmare sopra un sottile strato di farina d'avena. Quindi sovrapporre con cura la purea e lo yogurt.
3. Guarnire con frutti di bosco freschi e servire.

Dolci a basso contenuto di colesterolo DES

11. Quark ciotola fredda

ingredienti

- 600 g di mirtilli (freschi o congelati)
- 1 limone biologico
- 3 cucchiai di zucchero di canna
- 2 cucchiai di sciroppo di ribes o ribes
- 800 ml di latte acido
- 2 cucchiai di miele liquido
- 150 ml di panna di soia
- 30 g di amaretti

Fasi di preparazione

1. Lavate i mirtilli, scolateli bene; Scongelare il cibo congelato. Sciacquare il limone con acqua calda, strofinare e grattugiare finemente la buccia. Tagliare a metà il limone, spremere e misurare 2 cucchiai di succo. Portare a bollore in una casseruola 2/3 dei mirtilli, lo zucchero e il cassis o lo sciroppo. Cuocere per 5 minuti a fuoco medio.
2. Usa un cucchiaio per spremere i mirtilli attraverso un colino fine in una ciotola, spremendo quanto più succo possibile.
3. Aggiungere i mirtilli rimanenti al succo, mettere da parte e lasciar raffreddare completamente.
4. Mescolare il quark, il miele, la panna di soia e la scorza di limone fino ad ottenere un composto omogeneo. Raffreddare per 1 ora (o più). Per servire, posizionare la ciotola fredda in un piatto fondo, mettere al centro 1 porzione di composta. Sbriciolate gli amaretti con le mani e cospargeteli sopra.

12. Composta di mirtilli e pesche

ingredienti

- 200 g di mirtilli
- 500 g di pesche mature (4 pesche mature)
- 1 rametto di rosmarino
- 4 cucchiai di sciroppo d'acero
- 1 proteina
- 1 pizzico
- Sale-
- 30 g di zucchero (1,5 cucchiai)

Fasi di preparazione

1. Separare i mirtilli, lavare le pesche, tagliarle a metà e snocciolarle. Metti tutta la frutta in una teglia.
2. Lavate il rosmarino, asciugatelo e aggiungetelo.
3. Irrorare con lo sciroppo d'acero, sigillare lo stampo con un foglio di alluminio e cuocere in forno preriscaldato a 180°C (forno ventilato: 160°C, gas: livello 2-3) per 20 minuti.
4. Separare l'uovo (altrimenti utilizzare il tuorlo), sbattere l'albume e il sale in un recipiente alto con una frusta a mano fino a quando lo zucchero non sarà gocciolato.
5. Rimuovere il foglio di alluminio e utilizzare una spatola di gomma per distribuire l'albume sulla frutta. Infornare per altri 8-10 minuti e servire subito.

13. Sorbetto alla melissa

ingredienti

- ½ baccello di vaniglia
- 1 lime biologico
- 1 mazzetto di melissa
- 50 g di zucchero di fiori di cocco (2,5 cucchiai)
- 150 ml di succo d'uva light vegano
- 400 g di fragole

Fasi di preparazione

1. Tagliare metà del baccello di vaniglia nel senso della lunghezza e raschiare la polpa. Sciacquare il lime con acqua calda, strofinare, tagliare a metà e tagliare 1 metà a fette.
2. Lavare la melissa e agitare a secco. Mettere da parte 1-2 gambi per la guarnizione, mettere il resto in una ciotola.
3. Portare a ebollizione il baccello e la polpa di vaniglia, le fettine di lime, lo zucchero di fiori di cocco, il succo d'uva e 450 ml di acqua in una casseruola e sciogliere completamente lo zucchero di fiori di cocco mescolando.
4. Versare la soluzione di zucchero sulla melissa e lasciarla in infusione per 10-15 minuti. Quindi versare il liquido attraverso un colino fine in una teglia piatta e riporre nel congelatore.
5. Non appena il liquido inizia a congelare sul bordo, mescola bene il tutto con un frullatore a immersione. Ripeti il processo frequentemente durante il tempo di congelamento di 6 ore: più spesso mescoli, più fine sarà la consistenza.

6. Grattugiare finemente la buccia del lime rimasto, spremere il succo e mettere entrambi in una ciotola.
7. Lavate accuratamente le fragole, asciugatele, pulite e tagliate a fettine.
8. Mescolare con la scorza e il succo di lime e lasciar macerare in frigorifero.
9. Formare il sorbetto finito con un cucchiaio e servire con le fragole marinate. Guarnire con la melissa messa da parte e servire.

14. Ricotta con mirtilli

ingredienti

- 125 g di quark
- 1/3 di tazza di panna acida (circa 80 g)
- 1 arancia (succo)
- 1-2 cucchiai di zucchero a velo
- 1 pizzico di zucchero vanigliato
- 200 g di mirtilli
- 2 cucchiai di rum
- 4 cucchiai di zucchero semolato
- Anca (per guarnire)

preparazione

1. Per la crema di quark, mescolare il quark con la panna acida, il succo d'arancia, lo zucchero a velo e lo zucchero vanigliato fino ad ottenere un composto omogeneo. Schiaccia o mescola circa un terzo dei mirtilli con il dorso di un cucchiaio. Piegare sotto la miscela di cagliata.
2. Mescolare i frutti di bosco rimanenti con il rum e lo zucchero semolato e scaldare tiepidi in un pentolino. Versare le bacche nei bicchieri. Spalmateci sopra il composto di quark e guarnite con le costolette.

15. Mousse al cioccolato

ingredienti

- 80 g di copertura al cioccolato fondente
- 1 albume d'uovo
- 1 cucchiaino di zucchero semolato
- 125 ml di panna montata
- Cacao in polvere (per spolverare)

preparazione

1. Per la mousse al cioccolato, sciogliere a vapore il cioccolato a bagnomaria. Togli la stufa.
2. Montare gli albumi con lo zucchero e incorporarli al cioccolato. Montare la panna fino a quando non è semi ferma, mettere da parte 3 cucchiai per la guarnizione e incorporare il resto al composto di cioccolato.
3. Versare la mousse al cioccolato nei bicchieri decorativi. Guarnire con il resto della crema e far raffreddare brevemente o servire subito. Spolverare prima con il cacao amaro.

16. Arrosto di prugne

ingredienti

- 600 g di prugne (snocciolate)
- 300 g di zucchero
- 2 chiodi di garofano
- Corteccia di cannella
- Succo di limone

preparazione

1. Per prima cosa lavate e snocciolate le prugne.
2. Poi fate sobbollire lentamente le prugne con lo zucchero, i chiodi di garofano, la scorza di cannella, il succo di limone e un po' d'acqua finché la buccia delle prugne non si arriccia leggermente verso l'esterno.
3. Togliete ora dal fuoco e versate il plumcake in bicchieri sciacquati con acqua calda.

17. Composta di sidro di mele

ingredienti

- 1,5 kg di mele
- 1 litro di sidro di mele
- 250 grammi di zucchero
- Chiodi di garofano
- 1 scorza di cannella
- Succo di zircone (succo di 1 limone)

preparazione

1. Per la composta di sidro, sbucciate le mele, privatele del torsolo e tagliatele a spicchi. Portare a bollore il mosto con lo zucchero, i chiodi di garofano, la cannella e il succo di limone e lasciar macerare gli spicchi di mela finché non saranno morbidi ma ancora sodi al morso.
2. Versare la composta di mele in un contenitore adatto, chiudere bene e conservare in un luogo fresco e buio.

18. Crostata di cocco e lamponi

ingredienti

- 50 g Lamponi (surgelati)
- Chips di cocco (o cocco disidratato)
- 75 g di olio di cocco
- 80 g di burro (salato)
- 2 cucchiai di cacao in polvere (grezzo)
- 2-3 cucchiai di sciroppo di riso

preparazione

1. Foderare un piatto fondo grande o una tortiera per la crostata di lamponi e cocco con carta da forno (un piatto è l'ideale, poiché la rientranza crea una buona forma).
2. Distribuire i frutti di bosco e le scaglie di cocco sul piatto. Sciogliere l'olio di cocco e il burro in una padella o nel microonde (l'olio di cocco impiega più tempo, quindi aggiungere il burro un po' più tardi).
3. Incorporare il cacao in polvere e lo sciroppo, versare sopra i frutti di bosco e le scaglie di cocco e lasciare riposare in frigorifero per 30 minuti.
4. O rompere a pezzi o tagliare con un coltello come una torta da servire.

19. Brownie di Chia

ingredienti

- 300 g cioccolato (latte e burro)
- 100 g di margarina (semigrassa)
- 100 g mandorle (macinate)
- Cospargere con 10 g di dolcezza
- 5 uova
- 3 cucchiai di semi di chia
- 100 g cioccolato fondente (per la copertura)
- pizzico di sale

preparazione

1. Per il brownie alla chia, sciogliere a vapore il cioccolato con la margarina. Mescolare le mandorle con la chia e il sale, mescolare le uova e lo zucchero a velo con un mixer, ma facendo attenzione che non diventi schiumoso, incorporare il composto di cioccolato e mandorle.
2. Svuotare in una teglia rivestita di carta da forno con un bordo e cuocere in forno preriscaldato (180°) per circa 20 minuti. Fate raffreddare e glassate con il cioccolato fuso. Dopo che la glassa si è rappresa, tagliare a pezzi il brownie di chia.

20. Yogurt a strati di more

ingredienti

- 250 g di more
- 500 g di yogurt (1,5% di grassi)
- 60 g di pistacchi (4 cucchiai)
- 4 cucchiaini di miele

Fasi di preparazione

1. Ordinate le more e mettete 150 g in un contenitore alto.
2. Aggiungere metà dello yogurt e frullare finemente con un frullatore a immersione.
3. Dividere lo yogurt alla mora in 4 bicchieri.
4. Versare il resto dello yogurt nei bicchieri. Distribuire sopra le more rimaste.
5. Tritare grossolanamente i pistacchi e mescolarli al miele. Versare lo yogurt a strati e servire.

DOLCI A BASSO CONTENUTO DI GRASSI

21. Pere in camicia

ingredienti

- 1 arancia bio
- 400 ml di vino bianco
- 100 g di miele
- 50 g di zucchero di canna
- 1 stecca di cannella
- 0,1 g di zafferano in fili (1 bustina)
- 800 g di pere (4 pere)

Fasi di preparazione

0. Sciacquare l'arancia con acqua calda, strofinare e tagliare a fette.
1. Portare a bollore il vino, il miele, lo zucchero, le fettine di arancia, la cannella e lo zafferano con 200 ml di acqua.
2. Nel frattempo sbucciate le pere. Ritaglia il fondo dei fiori e "raddrizza" i bulbi sul lato inferiore in modo che possano stare in piedi.
3. Eliminare la schiuma dall'infuso. Metti le pere in verticale. Pesare con un piatto in modo che le pere rimangano sotto la superficie dell'infuso. Fate sobbollire (poach) per 30 minuti a fuoco medio. Togliete le pere dal fuoco e fatele raffreddare nel liquido. Affinché le pere assorbano l'aroma in modo uniforme, immergere la frutta nell'infuso per almeno 24 ore. Servire le pere scolate con un po' di sciroppo d'acero e yogurt zuccherato.

22. Vaniglia peperoncino ananas

ingredienti

- 1 ananas (fresco, intero)
- 300 g di zucchero di canna (marrone)
- 300 ml di succo d'ananas
- 100 ml di succo di mango
- 1 peperoncino (rosso)
- 1 baccello di vaniglia

preparazione

0   Per l'ananas al peperoncino alla vaniglia, sbucciare l'ananas e tagliarlo a cubetti. Tagliare a metà e snocciolare il peperoncino.

1   In un pentolino mettete lo zucchero di canna e aspettate che inizi a caramellare. Non appena inizia, incorporare gradualmente il succo di ananas e il succo di mango. Tagliare a metà il baccello di vaniglia, raschiare e unire al composto di ananas. Aggiungete mezzo peperoncino e lasciate cuocere il tutto per circa 10 minuti.

2   Togliete il peperoncino dalla composta di ananas e dividete il tutto in ciotoline e lasciate raffreddare bene in frigorifero. Guarnire con fili di peperoncino e servire l'ananas al peperoncino alla vaniglia.

23. Torta di pesche

ingredienti

- 400 g di farina tipo 1050
- 1 bustina di lievito per dolci
- 1 pizzico di sale
- 150 g
- Zucchero di canna
- 350 ml di latticello
- Uova
- 1200 g di pesche mature e sode
- 50 g di bastoncini di mandorle
- 1 bustina di zucchero vanigliato

Fasi di preparazione

0. Mescolate in una ciotola la farina, il lievito, il sale e metà dello zucchero.
1. Sbattere insieme il latticello e le uova. Versare lentamente sulla miscela di farina e mescolare brevemente con la frusta a mano per formare un impasto liscio.
2. Foderare una teglia con carta da forno. Adagiatevi sopra l'impasto e aiutatevi con una spatola di gomma per stenderlo uniformemente.

3 Lavate le pesche, asciugatele, tagliatele a metà, snocciolate e tagliate a spicchi. Distribuire uniformemente sull'impasto.
4 Spargere sopra i bastoncini di mandorle, lo zucchero rimasto e lo zucchero vanigliato. Cuocere in forno preriscaldato a 180°C (forno ventilato: 160°C, gas: livello 2-3) sulla griglia centrale per 25-30 minuti.

24. Crème brlée al caramello

ingredienti

- 200 ml di panna montata
- 300 ml di latte
- 150 g di caramelle al caramello
- tuorlo d'uovo
- 60 g di zucchero (marrone)

preparazione

0 Per la crème brûlée al caramello, prima portare a ebollizione la panna montata, il latte e i dolci e mescolare fino a quando i dolci non si saranno sciolti. Lasciare raffreddare un po' e incorporare i tuorli d'uovo.
1 Raffreddare per almeno 3 ore.
2 Preriscaldare il forno a 95°C prima di riutilizzarlo. Versare la crema negli stampini da forno. Mettere in forno per 1 ora fino a quando la crema si è rappresa e ha una pelle sottile.
3 Lasciar raffreddare bene in frigorifero.
4 Spolverare con lo zucchero e caramellare brevemente la crème brûlée al caramello.

25. Crema di avocado con miele

ingredienti

- tuorlo d'uovo
- cucchiaio di miele
- 250 g di quark magro
- 2 pezzi di avocado (maturo)
- 1 limone (succo)
- 2 pezzi di albumi d'uovo
- 1 pizzico di sale
- 1/2 mazzetto di melissa

preparazione

0. Per la crema di avocado al miele, sbattere i tuorli con il miele in una ciotola fino a renderli spumosi e aggiungere il quark magro cucchiaio per cucchiaio.
1. Tagliare a metà gli avocado per il lungo, togliere il nocciolo e raschiare la polpa con un cucchiaio. Frullare con il succo di limone in un frullatore e unire al composto di quark e uova.
2. Montare a neve ferma gli albumi con il pizzico di sale e incorporarli con cura alla crema di miele e avocado.
3. Lavare la melissa e strappare le foglie. Mettere da parte delle foglie molto belle, tagliare il resto a striscioline e unire alla panna.
4. Spalmare la crema di avocado al miele sulle coppette da dessert, guarnire con il limone rimasto e servire subito.

26. Macedonia di frutta tropicale con cocco

ingredienti

- 200 g mezza papaia (1 mezza papaia)
- 300 g di mango piccolo (1 mango piccolo)
- 125 g di physalis
- 700 g di ananas medio (1 ananas medio)
- 1 kiwi
- 1 lime
- Cucchiaio di cocco grosso disidratato
- 150 g di yogurt al cocco
- 2 cucchiai di latte (1,5% di grassi)

Fasi di preparazione

0   Sbucciare e togliere il torsolo alla papaia, sbucciare il mango e tagliare la polpa dal torsolo. Tagliare entrambi i frutti a pezzetti.
1   Togliete il physalis dalle bucce della pergamena, lavatelo e tagliatelo a metà.
2   Sbucciare e tagliare in quarti l'ananas e tagliare il gambo. Tagliate la polpa a bocconcini.
3   Sbucciare il kiwi e tagliarlo a pezzi. Dimezzare il lime, spremere e misurare 2-3 cucchiai di succo. Mescolare tutti i pezzi di frutta con il succo di lime, lasciare riposare per 20 minuti.
4   Arrostire il cocco disidratato in una padella senza grassi fino a doratura.
5   Prima di servire, sbattere lo yogurt al cocco e il latte con un frullatore a immersione o frullare fino a ottenere una schiuma.
6   Spalmare la salsa di cocco sull'insalata e cospargere con le scaglie di cocco tostato.

27. Muffin alle mele al forno

ingredienti

- 240 g di farina
- 100 g di zucchero semolato
- 10 g di zucchero (marrone)
- 1 cucchiaino di lievito per dolci
- 1/2 cucchiaino di lievito per dolci
- 1 pizzico di sale
- Uova sbattute)
- 110 g di burro (morbido)
- 1 cucchiaino di polpa di vaniglia
- 100 g di marmellata di mele cotte
- 40 g di marzapane (alternativa per gli amanti del marzapane)
- 1/2 cucchiaino di cannella

preparazione

1. Per i muffin alle mele al forno, preriscaldare il forno a 180 gradi e posizionare i pirottini di carta nella teglia per muffin.
2. Mescolare la farina, lo zucchero, il lievito, il bicarbonato e il sale in una ciotola.
3. In una seconda terrina amalgamate le uova, la marmellata di mele cotte, il burro e la polpa di vaniglia e, se vi piace, il marzapane grattugiato.
4. Piegare con cura la massa umida nella miscela di farina. Versare l'impasto negli stampini di carta con un cucchiaio e infornare sulla griglia centrale per circa 20 minuti.
5. Lasciare raffreddare i muffin alle mele al forno prima di consumarli.

28. Tiramisù alla banana

ingredienti

- Uova
- 1 tazza di mascarpone
- 1/4 l di panna montata
- Cucchiai di zucchero semolato
- zucchero vanigliato
- 1 1/2 confezione di dita da donna
- cacao
- 4-6 pezzi di banane

preparazione

- Per il tiramisù alla banana, separare l'albume dal tuorlo.
- Mescolare i tuorli con lo zucchero e il mascarpone, aggiungere la panna montata (precedentemente montata a neve ferma) e lo zucchero vanigliato.
- Immergete i savoiardi nel cacao e disponeteli a forma rettangolare.
- Mettere uno strato di crema sopra, aggiungere le banane, poi un altro strato di crema fino ad esaurimento degli ingredienti.

29. Mela al forno al vino rosso

ingredienti

- 1/4 l di vino rosso
- cucchiaio di zucchero
- stecca di cannella
- Chiodi di garofano
- Mele
- Fiocchi di burro
- Vino
- Marmellata di mirtilli rossi

preparazione

- Per la mela al forno portare a bollore nel vino rosso con il vino rosso, lo zucchero, le stecche di cannella ei chiodi di garofano. Togliete il torsolo alle mele e schiacciatele sul fondo. Ricoprire con fiocchetti di burro e adagiare in una pirofila ben unta e ignifuga. Friggere in forno a 200°C per circa 20 minuti.
- Versare il vino sulle mele e farcire con marmellata di mirtilli rossi. Friggere per altri 10 minuti e versarvi sopra il liquido più volte. Servire la mela cotta al vino rosso ben calda con la salsa al vino rosso.

30. Tiramisù all'amaretto al lampone

ingredienti

- 1/2 baccello di vaniglia
- 80 ml di latte
- 1 tuorlo d'uovo
- cucchiaio di zucchero
- 100 g mascarino
- 60 ml di panna (montata)
- 150 g di lamponi
- 2 cucchiai di zucchero a velo
- 20 ml amaretto (liquore di mandorle)
- un paio di savoiardi
- Lamponi (per la guarnizione)
- Zucchero a velo (per spolverare)

- Menta (per guarnire)

preparazione

- Tagliare il baccello di vaniglia per il lungo e raschiare la polpa. Mettere la polpa di vaniglia con il latte, il tuorlo e lo zucchero in un pentolino e frullare con un frullatore a immersione fino ad ottenere un composto omogeneo.
- Riscaldare brevemente il composto, mescolando continuamente, fino a quando il tuorlo d'uovo si lega leggermente al composto. Quindi mantecare con il mascarino e incorporare la panna montata.
- Ora frullate i lamponi con lo zucchero a velo e l'amaretto per fare una salsa. Spezzettare i savoiardi e immergerli nella salsa di lamponi.
- Adagiate su un piatto una forma ad anello del diametro di 10 cm. Metti i pezzi di biscotto come base. Spalmate sopra metà della crema e adagiatevi sopra dei lamponi come decorazione.
- Sollevare la forma ad anello, spolverare il tiramisù ai lamponi con zucchero a velo e guarnire con la menta.

DOLCI A BASSO ZUCCHERO

31. Praline croccanti al cioccolato

ingredienti

- 200 g di cioccolato fondente
- 40 g di mix di fiocchi di muesli
- 100 g di fiocchi di farro
- 25 g di ciliegie (secche, non zuccherate)

Fasi di preparazione

1. Riempi una casseruola d'acqua, portala a ebollizione, quindi accendi il fornello al minimo.
2. Tritate finemente il cioccolato fondente e mettetene circa due terzi in una ciotola. Mettere la ciotola nella casseruola e far

sciogliere con cura la copertura a bagnomaria. Mescolare di tanto in tanto.
3. Una volta che il cioccolato sarà completamente sciolto, togliere la ciotola dal fuoco, aggiungere il cioccolato rimasto e mescolare lentamente fino a quando non sarà tutto sciolto.
4. In una ciotola capiente mescolate con cura il composto di muesli, fiocchi di farro, ciliegie essiccate e cioccolato fuso fino a ricoprire il tutto di cioccolato.
5. Formate con due cucchiaini circa 30 praline di cioccolato e disponetele su carta da forno. Quindi lasciate asciugare per circa 2-3 ore in un ambiente fresco.

32. Cheesecake cruda ai mirtilli

ingredienti

- 300 g di mandorle (non pelate)
- 200 g di datteri secchi (snocciolati)
- 450 g di anacardi (ammollati per una notte)
- 50 ml di sciroppo d'agave
- 150 g di olio di cocco
- 1 cucchiaino di vaniglia in polvere
- 1 limone (succo)
- cucchiaio di cocco disidratato
- 50 g di mirtilli (surgelati)
- 50 g di mirtilli (freschi)

Fasi di preparazione

0 Per la base della cheesecake ai mirtilli crudi, metti le mandorle e i datteri in un robot da cucina ad alte prestazioni e mescola per formare una "base di pasta". Aggiungere acqua o latte vegetale secondo i propri gusti e in base alla viscosità dell'impasto.

1 Mettere la base di pasta finita in una forma adatta al congelatore (ad es. 26 x 20 centimetri) e premere con decisione. Metti nel congelatore.

2 Ora mettete gli anacardi ammollati per una notte con lo sciroppo d'agave, l'olio di cocco fuso, la polpa di vaniglia e il succo di limone in un robot da cucina e frullate fino ad ottenere una massa cremosa.

3 Dimezzare la miscela di anacardi. Mescolate una metà con 3 cucchiai di cocco disidratato, rimettete l'altra metà in un robot da cucina e frullate con i mirtilli congelati.

4 Tirate fuori la base di pasta dal freezer e spennellatela prima con il composto chiaro di anacardi e cocco. Quindi spalmare sopra dei mirtilli freschi e coprire con il composto di anacardi e mirtilli. Guarnire con altri mirtilli o aggiungere per servire.

5 Riponete la cheesecake cruda ai mirtilli in freezer per circa 30 minuti. Estrarre la cheesecake ai mirtilli dal freezer circa 10 minuti prima di servire e guarnire con i restanti 2 cucchiai di cocco disidratato e i mirtilli rimasti.

33. Gelato al cioccolato su stecco

ingredienti

- Eventi
- 1 banana
- 200 ml bevanda alla mandorla (latte di mandorla)
- 80 ml di latte di cocco
- Cucchiaino di cacao in polvere + qualcosa per decorare
- granella di cacao

Fasi di preparazione

1. Mettere tutti gli altri ingredienti tranne le fave di cacao in un frullatore e frullarli finemente. Riempite gli stampini per ghiaccioli, mettete i gambi direttamente nel gelato oppure lasciate congelare il gelato per circa 20 minuti e poi aggiungete i bastoncini.

2. Fate congelare il gelato per almeno 4 ore e poi spolverate con un po' di cacao in polvere e granella di cacao e servite subito!

34. Muffin per colazione con mirtilli

ingredienti

- 30 g di olio di cocco (2 cucchiai)
- 175 g di farina di farro integrale
- 1 cucchiaino colmo
- lievito in polvere
- 1 pizzico di sale
- Uova
- 150 ml bevanda alla mandorla (latte di mandorla)
- 1 banana
- 125 g di mirtilli
- marmellata senza zucchero o zucchero a velo di betulla per guarnire

Fasi di preparazione

1. Sciogliere l'olio di cocco in una casseruola. Nel frattempo mescolate in una ciotola la farina, il lievito e il sale.
2. Sbattere le uova in una ciotola e mescolare con olio di cocco e latte di mandorle. Unire il tutto al composto di farina e utilizzare una frusta a mano per formare un impasto liscio.
3. Schiacciate la banana con una forchetta. Lavare e scolare i mirtilli. Piegate entrambi sotto l'impasto.
4. Foderare la teglia per muffin con gli stampini per muffin e distribuire uniformemente l'impasto sugli incavi. Cuocere i muffin in forno preriscaldato sulla griglia centrale a 190°C (ventilazione 170°C; gas: livello 2-3) per circa 25 minuti.
5. Guarnire i muffin con marmellata di chia o zucchero a velo di betulla, se vi piace.

35. Cheesecake alla zucca

ingredienti

- 800 g di zucca Hokkaido (1 zucca Hokkaido)
- 100 g di biscotti integrali
- 50 g di noci
- 50 g di burro
- 300 g di formaggio spalmabile (50% di grasso sulla sostanza secca)
- cucchiaio di sciroppo d'acero T
- Uova
- 1 pizzico di sale
- ½ cucchiaino di cannella
- ½ cucchiaino di zenzero
- 1 pizzico di noce moscata
- 200 g di panna acida
- 1 cucchiaino di vaniglia in polvere

Fasi di preparazione

1. Foderare il fondo di uno stampo a cerniera con carta da forno.
2. Tagliare la zucca in quattro pezzi, togliere i semi e cuocere in forno a 180°C (ventilato 160°C; gas: livello 2-3) per circa 40-45 minuti finché la polpa non sarà morbida.
3. Nel frattempo mettete i biscotti di pasta frolla in un sacchetto da freezer e sbriciolateli con il mattarello o tritateli brevemente con un frullatore. Tritare le noci e aggiungerne qualcuna per decorare. Sciogliere il burro e aggiungerlo al composto di biscotti e noci.
4. Togliete la polpa dalla zucca leggermente raffreddata con un cucchiaio e passatela in una ciotola con un frullatore a immersione.
5. Montare la crema di formaggio con lo sciroppo d'acero, le uova e le spezie fino a ottenere una crema. Incorporate poi la purea di zucca e distribuite il composto sulla base di pan di spagna.
6. Cuocere la torta di zucca per 50 minuti alla stessa temperatura. Quindi sfornate e lasciate raffreddare per circa un'ora.

7. Per la guarnizione, mescolare la panna acida e la vaniglia con il mixer fino a ottenere una crema e spalmarla sulla torta di zucca raffreddata. Poi mettete in forno per altri 10 minuti.
8. Raffreddare la cheesecake alla zucca prima di servire.

36. Sfere energetiche

ingredienti

- ½ arancia
- 50 g di farina d'avena
- 75 g di datteri secchi
- 50 g di mandorle
- 20 g di miele (2 cucchiai)
- cucchiai di semi di sesamo

Fasi di preparazione

1. Spremere metà dell'arancia. Mescolare la farina d'avena e 2 cucchiai di succo d'arancia in una ciotola.
2. Dimezzare il dattero, tagliare con i noccioli e tritare con le mandorle in un tritatutto. Probabilmente aggiungere un cucchiaio di succo d'arancia.
3. Mescolare bene la miscela di datteri e mandorle con il miele per fare la farina d'avena.
4. Die Sesamkörner in einer heißen, fettfreien Pfanne bei mittlerer Hitze 3 Minuten rösten. Auf einen kleinen Teller geben und abkühlen lassen.
5. Con il composto di datteri e mandorle formare 28 palline più o meno della stessa dimensione (circa 2 cm di diametro) e arrotolarle una dopo l'altra nei semi di sesamo tostati.
6. Foderare una teglia con carta da forno, adagiare le palline e lasciar asciugare per almeno 1 ora. Forniamo 7 palline energetiche per porzione.

37. Cialde dolci alla zucca

ingredienti

- 200 g di farina di farro integrale
- 1 cucchiaio di lievito per dolci
- 1 pizzico di sale
- 1 cucchiaino di cannella
- 1 baccello di vaniglia (porridge)
- Uova (taglia m)
- 160 ml di latte (1,5% di grassi) (in alternativa latte vegetale)
- 150 g di purea di zucca
- 2 cucchiai di sciroppo d'acero (più per guarnire se necessario)

Fasi di preparazione

1. Mescolate in una ciotola capiente la farina di farro integrale, il lievito, il sale, la cannella e la polpa di un baccello di vaniglia.
2. In un'altra ciotola, sbattere le uova fino a renderle spumose. Quindi mescolare il latte, poi la purea di zucca e lo sciroppo d'acero con la schiuma d'uovo.
3. Unite ora il composto di uova e zucca al composto di farina e mescolate bene.
4. Preriscaldare la piastra per cialde. Quindi, a seconda delle dimensioni dell'apparecchio, posizionare circa due cucchiai di pastella al centro della piastra per cialde calda, chiudere il coperchio e cuocere per circa tre-cinque minuti fino a doratura.
5. Servire i waffle di zucca finiti irrorati con sciroppo d'acero, se lo si desidera.

38. Pane alla banana e noci pecan

ingredienti

- 1 cubetto di lievito
- 450 g di farina integrale
- 1 pizzico di sale
- Banane
- 200 g di noci pecan
- cucchiaio di olio di colza

Fasi di preparazione

1. Sbriciolate il lievito e mescolate con 5 cucchiai di acqua tiepida.
2. Mescolate in una ciotola 400 g di farina e 1 pizzico di sale. Fare un buco al centro e aggiungere il lievito. Spolverare con un po' di farina e coprire e lasciar lievitare per 15 minuti.
3. Nel frattempo sbucciate le banane e schiacciatele con una forchetta. Tritare grossolanamente metà delle noci.
4. Aggiungere gradualmente le banane e le noci con 2 cucchiai di olio e circa 140 ml di acqua tiepida alla farina e lavorare fino ad ottenere un impasto liscio. Coprite e lasciate lievitare in luogo tiepido per circa 1 ora.
5. Spennellare una teglia (lunga circa 30 cm) con l'olio rimasto e spolverare con un po' di farina. Riprendete l'impasto e versatelo nella tortiera. Coprire con le noci rimanenti e coprire per altri 15 minuti.
6. Cuocere il pane in forno preriscaldato a 160°C (ventilato 140°C; gas: livello 1-2) per circa 1 ora.

Quindi sformate dallo stampo e lasciate raffreddare.

39. Torta di datteri con mango

ingredienti

- 100 g di datteri freschi
- Uova
- cucchiaio di olio di colza
- 100 g di quark magro
- 160 g di farina integrale (es. farina integrale o di farro)
- 1 ½ cucchiaino di lievito per dolci
- 1 cucchiaino di cannella
- 450 g di mango maturo (1 mango maturo)

- 10 g di burro (2 cucchiaini)

Fasi di preparazione

1. Dimezzate i datteri, snocciolateli e metteteli in una ciotola capiente. Frullate finemente con un frullatore a immersione.
2. Aggiungere le uova, l'olio e il quark magro e mescolare il tutto con la frusta di una frusta a mano fino ad ottenere una crema
3. Mescolare la farina, il lievito e la cannella in un'altra ciotola. Setacciare la crema di datteri e incorporare. Se l'impasto è molto sodo, aggiungete un po' d'acqua se necessario.
4. Lavate e sbucciate il mango, tagliate a fettine la polpa del nocciolo e tagliatela a dadini.
5. Ungete con il burro una piccola teglia rettangolare (ca. 27 x 18 cm). Versate l'impasto e livellatelo con una spatola.
6. Distribuire sopra i cubetti di mango e cuocere la torta in forno preriscaldato a 180 °C (ventilato 160 °C; gas: livello 2-3) sulla griglia centrale per 35-40 minuti. Sfornare e lasciar raffreddare nello stampo. Quindi tagliare in 10 pezzi uguali, togliere dallo stampo e servire.

40. Biscotti di datteri allo zenzero

ingredienti

- 350 g di datteri freschi (30 datteri freschi)
- 125 g di mandorle pelate
- 50 g di miglio
- ½ arancia bio
- g zenzero (1 pezzo)
- Uova
- 50 g di farina di frumento

Fasi di preparazione

1. Snocciolare e tritare finemente i datteri.
2. Tritare grossolanamente le mandorle.
3. Tritare finemente il miglio in un tritatutto.
4. Sciacquare mezza arancia con acqua calda e strofinare. Strofinare finemente la buccia.
5. Sbucciare lo zenzero e tritarlo finemente.
6. Mescolare i datteri, le mandorle, la scorza d'arancia e lo zenzero.
7. Uova separate. Montare gli albumi con 1 cucchiaio di acqua fredda fino a quando non sono molto rigidi. Incorporare i tuorli uno alla volta.
8. Aggiungere il composto di datteri, miglio e grano macinato e incorporare con cura.
9. Disporre l'impasto cucchiaio alla volta su 2 teglie foderate con carta da forno. Cuocere uno dopo l'altro in forno preriscaldato a 150°C (gas: grado 1-2) sul ripiano centrale per 10-15 minuti fino a doratura; Cuocere entrambe le teglie in forno ventilato a 130°C contemporaneamente. Raffreddare su una gratella.

RICETTE PER I DOLCI ESTIVI

41. Riso al latte di cocco con mirtilli

ingredienti

- 500 ml di latte (1,5% di grassi)
- 20 g di zucchero (1 cucchiaio)
- 10 g di zucchero vanigliato (1 cucchiaino)
- 200 g di budino di riso
- 150 g di mirtilli
- 20 g di cocco disidratato (2 cucchiai)
- g zucchero a velo (1 cucchiaino)

Fasi di preparazione

1. Portare a bollore in un pentolino il latte, lo zucchero e lo zucchero vanigliato. Coprite con il riso e fate cuocere a fuoco medio per circa 25 minuti, mescolando di tanto in tanto.
2. Nel frattempo lavate i mirtilli e asciugateli. Arrostire il cocco essiccato in una padella senza grassi a fuoco medio fino a doratura.
3. Dividere il budino di riso in 6 ciotole e servire con mirtilli, zucchero a velo e cocco disidratato.

42. Muffin alla ricotta con fragole

ingredienti

- 1 limone biologico
- Uova
- 70 g di zucchero di fiori di cocco
- Sale-
- 400 g di quark magro
- 70 g di crème frache
- 30 g di amido di mais (2 cucchiai)
- 250 g di fragole
- ½ confezione di topping trasparente per torta
- 125 ml di succo di mela

Fasi di preparazione

1. Sciacquare il limone con acqua calda, strofinare e grattugiare finemente la buccia. Tagliare a metà e spremere il limone.
2. Metti le uova e 1 cucchiaio di succo di limone in una ciotola. Montare brevemente con la frusta di un frullatore a immersione. Aggiungere lo zucchero di fiori di cocco e un pizzico di sale e sbattere per altri 3 minuti fino a ottenere una crema.
3. Scolare il quark, aggiungere la crème fraîche e la scorza di limone grattugiata e mescolare. Aggiungere l'amido cucchiaio per cucchiaio e mescolare brevemente.
4. Foderare uno stampo per muffin (12 cavità) con i pirottini di carta. Versare il composto di cagliata e livellare con una spatola di gomma. Posizionare la teglia per muffin sulla griglia e cuocere sulla griglia centrale in forno preriscaldato a 200°C (forno ventilato: 180°C, gas: livello 3) per circa 15 minuti.
5. Fate raffreddare il forno con lo sportello leggermente aperto. Quindi disporre i muffin negli stampini di carta su una gratella e lasciar raffreddare completamente in circa 45 minuti.

6. Nel frattempo lavate accuratamente le fragole, scolatele, pulitele e tagliatele a fette per il lungo.
7. Metti la polvere di glassa in una piccola casseruola. Incorporare gradualmente il succo di mela con una frusta e portare a bollore.
8. Spalmare metà della glassa per torta calda sui muffin raffreddati. Coprire i muffin con le fettine di fragola, irrorare con il restante topping e lasciare rapprendere la frutta per circa 20 minuti.

43. Torta crema di formaggio e yogurt con base di pan di spagna

ingredienti

- 150 g di biscotti integrali
- 125 g di burro allo yogurt
- Fogli di gelatina
- 1 limone
- 500 g di formaggio spalmabile (13% di grassi)
- 400 g di yogurt (1,5% di grassi)
- 125 ml di succo d'arancia
- 50 g di zucchero di canna integrale
- 1 manciata di frutta fresca a piacere

Fasi di preparazione

1. Metti i biscotti in un sacchetto da freezer capiente. Sigilla il sacchetto e sbriciola completamente il contenuto con le mani o con un batticarne.
2. Fodera una piuma con carta da forno. Sciogliere il burro in un pentolino, mescolarlo con il pangrattato e premere bene con le mani o con un cucchiaio nello stampo a cerniera.
3. Mettere a bagno i fogli di gelatina in acqua fredda per circa 5 minuti. Spremere il limone e misurare 2 cucchiai di succo.
4. Mescolare la crema di formaggio, lo yogurt e il succo di limone con il frullatore a immersione.
5. Scaldare il succo d'arancia e lo zucchero in una casseruola mescolando finché lo zucchero non si sarà sciolto. Togliere dal fuoco e scioglierVi la gelatina pressata.
6. Mescolare la miscela di gelatina e succo nella miscela di crema di formaggio.
7. Mettere la crema di formaggio sulla base friabile dello stampo a cerniera e lasciare raffreddare la torta di crema di formaggio per almeno 3 ore. Guarnire con frutta fresca a piacere prima di servire.

44. Gelatina di lamponi

ingredienti

- 12 fogli di gelatina bianca
- 1 limone biologico
- gambo di melissa
- 650 g di lamponi
- 700 ml Prosecco o succo d'uva light
- 50 g di zucchero di canna

Fasi di preparazione

1. Mettere a bagno la gelatina in acqua fredda per almeno 5 minuti.
2. Una ciotola o una terrina con una capacità di circa 1,2 l con pellicola trasparente.

3. Sciacquare e asciugare il limone e grattugiare finemente la buccia. Spremi il limone.
4. Lavate la melissa, asciugatela, strappate le foglie e tagliatele a striscioline.
5. Ordina i lamponi, mescola con molta attenzione con la scorza di limone e la melissa.
6. Metti i lamponi nella teglia.
7. Mescolare il prosecco e il succo di limone.
8. Togliete circa 100 ml e portate a bollore in un pentolino con lo zucchero mescolando.
9. Spremere la gelatina. Togliere la padella dal fuoco e sciogliere la gelatina nel liquido caldo.
10. Unite la gelatina al resto del prosecco e mescolate.
11. Versare il liquido nello stampo. Battere la forma sul piano di lavoro alcune volte in modo che tutto si mescoli bene. Raffreddare il brodo per circa 4 ore.
12. Prima di servire, immergere brevemente lo stampo in acqua calda per staccare la soppressata dai bordi. Quindi togliere la soppressata dallo stampo, togliere la pellicola e tagliare a fette la soppressata con un coltello caldo. Ottimo il sorbetto al limone.

45. Ciotola a strati per espresso alla fragola

ingredienti

- 250 g di fragole
- 1 limone piccolo
- cucchiaio di sciroppo di mele T
- 1 piccola arancia biologica
- 250 g di quark magro
- ½ cucchiaino di vaniglia in polvere
- 100 g di cantuccini
- Cucchiai espresso (freddo)

Fasi di preparazione

1. Lavate accuratamente le fragole in una ciotola d'acqua, asciugatele con carta da cucina e pulite. Dimezza o un quarto a seconda delle dimensioni.
2. Tagliare a metà e spremere il limone. Mettere le bacche in una seconda ciotola, unire lo sciroppo di mele e 1 cucchiaino di succo di limone. Coprite e lasciate riposare per 20 minuti (marinare).
3. Nel frattempo lavate l'arancia, asciugatela e grattugiate finemente la buccia. Quindi tagliare l'arancia a metà e spremere il succo.
4. Metti il quark in una ciotola. Aggiungere la buccia d'arancia, la polvere di vaniglia e 1 cucchiaio di succo di limone.
5. Mescolate con una frusta abbastanza succo d'arancia in modo che il quark diventi liscio e cremoso.
6. Spezzare i cantuccini in pezzi di media grandezza, dividerli in 4 bicchieri e cospargere uniformemente con l'espresso. Distribuire alternativamente il quark all'arancia e le fragole e servire.

46. Bigiotteria senape e fragole strawberry

ingredienti

- 250 g di fragole
- 60 g di zucchero
- 250 ml Rama Cremefine da montare
- 1 bustina di zucchero vanigliato
- Base per pan di spagna (prodotto finito)
- 1 cucchiaino di curry
- 1 cucchiaio di aceto balsamico
- 1/2 - 1 cucchiaino di senape
- 1 cucchiaino di miele

preparazione

1. Lavate e mondate le fragole e, a seconda della grandezza, in quarti o a metà. Cospargete con lo zucchero e lasciate in infusione il succo per 30 minuti.
2. Nel frattempo, sbattere la cremefine e lo zucchero vanigliato con la frusta di una frusta a mano e far raffreddare.
3. Il dolce viene poi servito con un bicchiere, ritagliate 8 cerchi dalla base di pan di spagna.
4. Scolare e raccogliere il succo delle fragole, condire con aceto balsamico, senape e miele e unire nuovamente alle fragole.
5. Disporre nel bicchiere le fragole, il pan di spagna e la Cremefine, iniziando con le fragole e la Cremefine.

47. Panna cotta agli asparagi

ingredienti

Polpa di lamponi:

- 100 g di lamponi
- 25 g di zucchero (o miele)
- 1/2 foglio di gelatina

Panna cotta agli asparagi:

- 50 g di asparagi (bianchi)
- 1/2 baccello di vaniglia
- 175 g panna (liquida)
- 175 g di latte
- 50 grammi di zucchero
- 2,5-3 fogli di gelatina

preparazione

1. Per la polpa di lamponi, lessare i frutti di bosco con lo zucchero o il miele e mescolare.
2. Aggiungere la gelatina ammollata ancora calda e riempire la polpa di lamponi negli stampini dariol.
3. Nel frattempo pelare gli asparagi per la panna cotta agli asparagi, tagliarli a pezzetti e farli cuocere lentamente fino a renderli morbidi con metà della panna, il baccello di vaniglia raschiato e lo zucchero.
4. Mescolare bene nel mixer da cucina.
5. Aggiungere la gelatina ammollata e scioglievi dentro.
6. Filtrare il composto e unirlo al resto del latte e della panna.
7. Fate raffreddare brevemente il composto e versatelo con cura sulla polpa di lamponi raffreddata in modo che la polpa non si mescoli al latte degli asparagi.
8. Aggiungere ora la panna cotta agli asparagi circa 1-1,5 ore prima di servire.

48. Muffin alla banana e mirtilli

ingredienti

- 1 piccolo limone biologico
- 200 g di farina di grano tenero tipo 1050
- Cucchiai crusca di frumento wheat
- Cucchiaino di lievito in polvere
- 80 g di zucchero di fiori di cocco
- 1 pizzico di sale
- 150 ml di latte (1,5% di grassi)
- 1 uovo
- 2 cucchiai di olio di colza
- 250 g di banane mature (2 piccole banane mature)
- 175 g di mirtilli

Fasi di preparazione

1. Sciacquare il limone con acqua calda, strofinare e strofinare la buccia. In una ciotola mettete la farina, la crusca, il lievito, lo zucchero di fiori di cocco e un pizzico di sale. Mescolare tutto accuratamente.
2. Mescolare il latte, l'uovo e l'olio in una seconda ciotola con una frusta fino a che liscio. Aggiungere al composto di farina e impastare il tutto fino ad ottenere un impasto liscio.
3. Sbucciare le banane e schiacciarle finemente con una forchetta. Aggiungere la purea di banana alla pastella e mescolare accuratamente.
4. Ordina i mirtilli, aggiungili all'impasto e incorporali con cura.
5. Foderare uno stampo da muffin rivestito (per 12 muffin) con dei pirottini di carta da forno. Dividere l'impasto nelle forme.
6. Cuocere i muffin in forno preriscaldato a 200°C (ventilato: 180°C, gas: livello 3) per circa 30 minuti. Bucherellate il centro di un muffin con un bastoncino di legno: se esce pulito, i muffin sono pronti; altrimenti infornare ancora per qualche minuto.

7. Rimuovere i muffin con i pirottini di carta dallo stampo. Lasciare raffreddare su una gratella per almeno 5 minuti e servire tiepidi o freddi.

49. Sorbetto di avocado con fragole marinate

ingredienti

- Pezzi di avocado
- cucchiaio di succo di lime
- 250 ml di sciroppo di zucchero di canna
- 2 pezzi di albumi d'uovo
- 1 cucchiaino di scorza di lime
- 250 g di fragole
- 1 cucchiaio di zucchero
- Un cucchiaio di succo d'arancia

preparazione

1. Per il sorbetto all'avocado con fragole marinate, tagliare a metà gli avocado, togliere i noccioli e raschiare la polpa con un cucchiaio.
2. Frullate con 2 cucchiai di succo di lime e lo sciroppo di zucchero.
3. Montare l'albume a neve e unirlo alla panna e alla scorza di lime e condire con il succo di lime.
4. Versare il composto di sorbetto in una ciotola poco profonda e congelare per 4 ore, mescolando una volta ogni mezz'ora.
5. Lavare, pulire e affettare le fragole.
6. Mescolare con zucchero e succo d'arancia e marinare per almeno 30 minuti.
7. Per il sorbetto all'avocado con fragole marinate, stendere il ragù di fragole nei piatti e servire due palline di sorbetto ciascuna.

50. Crema di lamponi

ingredienti

- 200 g di lamponi
- Cucchiai di zucchero a velo
- Uova
- 100 g di zucchero a velo
- 1 bustina di zucchero vanigliato
- 500 ml di vino bianco
- Fogli di gelatina
- 250 ml di panna montata
- 1 bicchierino di liquore al lampone
- 1/2 limone (succo)
- lamponi

preparazione

1. Mescolare i lamponi con lo zucchero a velo, portare a bollore e filtrare con un colino.
2. Sbattere a vapore le uova con lo zucchero a velo, lo zucchero vanigliato e il vino bianco fino a renderle spumose, togliere dal fuoco e continuare a sbattere finché il composto non si sarà raffreddato.
3. Sciogliere la gelatina, montare a neve ferma la panna montata e incorporarla al composto di uova con lo spirito di lampone, il succo di limone e la purea di lamponi.
4. Riempire a metà i bicchierini da dessert, riempire con i lamponi e spalmare sopra il resto della crema.
5. Servire ben freddo.

51. Muesli magro alla fragola

ingredienti

- 500 g NÖM yogurt alla stevia fragola e rabarbaro
- 100 g di fiocchi d'avena (o muesli non zuccherati)
- 200 g cioccolato (bianco, con stevia)
- 200 g di fragole
- 1 pizzico di stevia in polvere
- foglie di menta (fresche)

preparazione

1. Per il dolce al muesli magro e fragole, tritare grossolanamente metà del cioccolato bianco e farlo sciogliere in una ciotola a bagnomaria o nel microonde, unire lo yogurt alla stevia e versare in un bicchiere, lasciare raffreddare.
2. Cospargete lo yogurt con qualche cucchiaio di fiocchi d'avena, tagliate le fragole dal picciolo e tagliatele a metà o in quarti e mescolate con un po' di stevia, lasciate in infusione per 5 minuti, dividete nei bicchieri.
3. Per le gocce di cioccolato, staccare con un coltello la parte liscia di una tavoletta di cioccolato e distribuire le foglie così ottenute sulle fragole.
4. Il dessert magro alla fragola muesli guarnito con foglie di menta fresca.

52. Cheesecake al brownie

ingredienti

- 100 g di cioccolato fondente (70% di cacao)
- 125 g di burro a temperatura ambiente
- 100 g di zucchero di canna grezzo
- 3 uova
- 300 g di quark (20% di grassi)
- 125 g di farina di farro tipo 1050
- ½ bustina di lievito per dolci
- ½ cucchiaino di vaniglia in polvere
- 1 pizzico di sale

Fasi di preparazione

1. Per la massa di cioccolato, tritare grossolanamente il cioccolato a bagnomaria caldo e non bollente. Poi lasciate raffreddare un po'.
2. In una ciotola lavorate il burro con lo zucchero di canna grezzo fino ad ottenere una crema. Incorporare le uova e il quark. Mescolare la farina con il lievito, la vaniglia e il sale e incorporare il composto di farina all'impasto. Dividere l'impasto e incorporare il cioccolato a metà.
3. Versate l'impasto nella teglia alternando in 3-4 strati e marmorizzate con cura con una forchetta. Cuocere in forno preriscaldato a 180°C (ventilato 160°C; gas: livello 2-3) per 30 minuti. Sfornare e far raffreddare su una gratella. Tagliare a pezzi per servire.

53. quiche di asparagi

ingredienti

- 1 confezione di pasta frolla già pronta
- 1 mazzetto di asparagi verdi
- 75 g di prosciutto a dadini
- 3 uova
- 75 g Gouda
- 200 ml di crema
- Sale, pepe, noce moscata

Preparazione:

1. Imburrare e infarinare lo stampo e adagiare la pasta frolla. Pizzicare alcuni punti con una forchetta in modo che il terreno non si increspa.
2. Preriscaldare il forno a 190°C e cuocere alla cieca la base per 15 minuti. Lascia raffreddare.
3. Tagliate a dadini il formaggio e tagliate a bocconcini gli asparagi. Stendere entrambi sulla pasta insieme ai cubetti di prosciutto. Come decorazione puoi prendere alcune punte di asparagi e metterle sopra alla fine - molto carine :-)
4. Sbattere le uova e la panna e condire con sale, pepe e noce moscata. Quindi versare sugli altri ingredienti.
5. Cuocere il tutto per circa 30-40 minuti, martellare sull'uovo.

54. Quiche di zucchine e formaggio

Gli ingredienti
- Olio di cocco, burro o burro chiarificato per ungere
- 2-3 zucchine grandi
- 1 cucchiaino di sale
- 550 g di ricotta
- 75 g di parmigiano grattugiato
- 2 cipollotti tritati
- 2 spicchi d'aglio tritati
- 4 cucchiai di aneto tritato
- 1 scorza di limone
- 2 uova grandi sbattute
- 100-200 g di feta sbriciolata, a seconda dei vostri gusti

La preparazione
1. Preriscaldare il forno a 170°C ventilato (190°C senza convezione) e ungere una casseruola di media grandezza o uno stampo a cerniera del diametro di 23 cm.
2. Grattugiare le zucchine nel robot da cucina. Mescolate con il sale, mettete in un colino o in un colino grosso e lasciate riposare per 15 minuti.
3. Quindi spremere bene il liquido con le dita o con un cucchiaio.
4. Mescolare la ricotta, il parmigiano, i cipollotti, l'aglio, l'aneto e la scorza di limone.
5. Aggiungere le uova sbattute e le zucchine.
6. Versare nella teglia e cuocere per un'ora. Distribuire sopra la feta e continuare a cuocere fino a quando il formaggio non si sarà sciolto.

55. Cheesecake alle mele

Ingredienti per la cheesecake alle mele

- 250 g di mascarpone
- 250 g di quark magro
- 3 uova
- 1 confezione di salsa alla vaniglia
- 1 cucchiaino di lievito per dolci
- 1 bustina di zucchero vanigliato
- 1 pizzico di sale
- 2-3 mele

preparazione

1. Sbucciare, dividere in quarti e raschiare le mele.
2. Mescolare insieme gli ingredienti rimanenti. Prima quelli secchi, poi gli altri.
3. Foderare con carta da forno uno stampo a cerniera da 28 cm. Versare l'impasto. Spingi dentro le mele.
4. Infornare per 45 minuti a 160°C (forno ventilato), poi lasciar raffreddare in forno leggermente aperto.
5. Tempo di preparazione senza cottura 10-15 minuti. A seconda della velocità con cui puoi sbucciare le mele.

56. I gressini al cavolfiore

ingredienti

- 200 g di cavolfiore
- 50 g di mozzarella
- 4 uova
- 2 cc di origano macinato
- sale pepe

Preparazione:

1. Mettere la carta da gratinare nella teglia. Assicurati che il cavolfiore sia tagliato a pinza.
2. Metti la pinza nel robot da cucina e batti fino a quando il cavolfiore non assomiglia al riso.
3. Metti il cavolfiore nel microonde e mettilo in un contenitore speciale con un coperchio per 2-3 minuti.
4. Togliete il cavolfiore dal microonde e mettetelo in una ciotola capiente. Aggiungere 4 uova, 40 g di mozzarella, origano, aglio, sale e pepe.
5. Ho fatto tutta la pastella e ho fatto una pastella.
6. Basta cuocere la crostata a temperatura media per circa 25 minuti o fino a doratura (non ancora coperta).
7. Dopo la cottura, spalmare il resto della mozzarella e cuocere per altri 5 minuti o fino a quando il formaggio si scioglie.
8. Servire tagliando nel pangrattato.

57. Torta di frutta al cioccolato

ingredienti

- 300 g di prugne
- 300 g di fichi secchi
- 200 g di frutta cotta
- 200 g di mandorle
- 150 g di nocciole
- 5 uova
- 125 g di burro
- 1 cucchiaio di miele
- 200 g di farina di farro
- 1 pizzico di chiodi di garofano macinati
- ½ cucchiaino di zenzero macinato
- 1 cucchiaio di cannella

- 100 g di cioccolato fondente
- 20 g di olio di cocco

Fasi di preparazione

1. Tritare grossolanamente le prugne, i fichi e la frutta cotta. Tritare le noci con un coltello o metterle brevemente in un tritatutto. Separare le uova, sbattere gli albumi con una frusta a mano per formare una neve compatta. Sbattere il burro e il miele fino a ottenere una schiuma, quindi aggiungere il tuorlo d'uovo e la farina e mescolare fino a formare un impasto liscio. Impastare la frutta, le noci e le spezie nell'impasto e incorporare con cura l'albume.
2. Foderare una teglia con carta da forno e versare l'impasto. Cuocere in forno preriscaldato a 175°C (ventilato: 150°C; gas: livello 2) per circa 60 minuti.
3. Sfornare la torta e lasciarla raffreddare. Nel frattempo tritate il cioccolato e fatelo sciogliere insieme all'olio di cocco a bagnomaria. Sbucciare la torta con il cioccolato.

58. Fragole al cioccolato con cardamomo

ingredienti

- 400 g di fragole
- 2 baccelli di cardamomo
- 100 g cioccolato fondente (minimo 72% cacao)

Fasi di preparazione

1. Mettere le fragole in uno scolapasta, lavarle accuratamente e asciugarle.
2. Rompi i baccelli di cardamomo e rimuovi i semi. Pestare finemente i semi di cardamomo in un mortaio.
3. Tritare grossolanamente la copertura e metterla in una piccola frusta. Aggiungi il cardamomo.
4. Fate sciogliere il cioccolato a bagnomaria mescolando.
5. Afferrare le fragole per il picciolo e immergerle successivamente per 2/3 nella copertura di cioccolato liquido.
6. Adagiate le fragole al cioccolato su carta da forno e fate asciugare la copertura. Raffreddare le fragole al cioccolato fino al momento di servire.

59. Dessert croccante con banana e noci del Brasile

ingredienti

- 400 g di yogurt alla banana
- 200 g di muesli croccante
- 150 ml di latte
- 3 banane (piccole)
- 100 g di noci brasiliane
- 50 ml di sciroppo d'acero

preparazione

1. Mettere a bagno il muesli nel latte per circa 15 minuti.
2. Tritare le noci del Brasile e tostarle in padella senza grassi. Aggiungere lo sciroppo d'acero, mescolare brevemente e togliere dal fuoco.
3. Sbucciare le banane e tagliarle a pezzetti. Conserva alcune fette per la decorazione. Mescolare le fette di banana con il composto di noci e acero.
4. Filtrare il muesli, versare nelle ciotole, spalmare sopra il composto di noci e banana, guarnire con yogurt alla banana e qualche pezzo di banana.

60. Crema allo yogurt con frutta

ingredienti

- 250 g di yogurt
- 2 cucchiai di zucchero a velo
- 1 limone (succo)
- 2 fogli di gelatina
- 120 g panna (montata (più facile in ufficio da una lattina))
- 100 g di frutti di bosco
- 1 pezzo di kiwi
- 1 mela

preparazione

1. Per la crema allo yogurt alla frutta, mettere a bagno i fogli di gelatina in acqua fredda. Mescolare lo yogurt con il succo di limone e lo zucchero fino ad ottenere un composto omogeneo. Scaldare circa 2 cucchiai della miscela di yogurt in un pentolino, sciogliervi la gelatina pressata e incorporarla alla miscela di yogurt.
2. Incorporare la panna montata. Versare in piatti fondi o bicchieri e lasciar raffreddare brevemente in freezer. Sbucciare il kiwi e tagliarlo a fette. Sbucciare la mela a piacere e tagliarla a spicchi. Distribuire le bacche e i frutti in modo decorativo sulla crema.

61. Muffin di farina d'avena e bacche

ingredienti

- 1 tazza (250 ml) di farina per tutti gli usi non sbollentata
- ½ tazza (125 ml) di farina d'avena a bollitura rapida 1/2 tazza
- (160 ml) zucchero di canna ripieno filled
- 1/2 cucchiaio (1/2 tazza) di tè) lievito in polvere
- 2 uova
- 1/2 tazza (125 ml) di salsa di mele
- 60 ml (1/4 tazza)
- Olio di colza all'arancia 1, solo scorza grattugiata
- 1 limone, scorza grattugiata
- 15 ml (1 cucchiaio) di succo di limone

- 180 ml (3/4 tazza) di lamponi freschi (vedi nota)
- 180 ml (3/4 tazza) freschi o mirtilli (o more)

preparazione

1. Metti la griglia al centro del forno. Preriscaldare il forno a 180 ° C (350 ° F). Foderare 12 stampini per muffin con stampini di carta o silicone.
2. In una ciotola, mescolare insieme la farina, la farina d'avena, lo zucchero di canna e il lievito. Libro.
3. In una ciotola capiente, sbatti insieme le uova, la salsa di mele, l'olio, la scorza degli agrumi e il succo di limone. Metti gli ingredienti secchi nel cucchiaio di legno. Aggiungere le bacche e mescolare delicatamente.
4. Distribuire il composto nelle scatole. Cospargere con i muffin al pistacchio. Cuocere per 20-22 minuti, o fino a quando uno stuzzicadenti non esce pulito al centro di un muffin. Lascia raffreddare.

62. Mirtilli e mele croccanti

ingredienti

Croccante

- 1 tazza (1¼ tazza) di farina d'avena a bollitura rapida
- tazza (60 ml) di zucchero di canna
- tazza (60 ml) di farina non sbiancata per tutti gli usi
- 90 ml (6 cucchiai) di margarina fusa

contorno

- 125 ml (½ tazza) di zucchero di canna
- 20 ml (4 cucchiaini) di amido di mais

- 1 lancio (4 tazze) di mirtilli freschi o congelati (non scongelati)
- 500 ml (2 tazze) di mele grattugiate
- 1 CUCCHIAIO.
- (15 ml) di margarina sciolta 15 ml (1 cucchiaio) di succo di limone

preparazione

1. Metti la griglia al centro del forno. Preriscaldare il forno a 180 ° C (350 ° F).
2. Mescolare gli ingredienti secchi in una ciotola. Aggiungere la margarina e mescolare fino a quando il composto è appena inumidito. Libro.
3. In una teglia quadrata da 20 cm (8 pollici), mescolare lo zucchero di canna e l'amido di mais insieme. Aggiungere la frutta, la margarina e il succo di limone e mescolare bene. Coprire con il croccante e cuocere per tra 55 minuti e 1 ora, o fino a quando il croccante non è dorato. Servire tiepido o freddo.

di meringa, poi lamponi freschi in bicchieri a palloncino per monoporzioni o in una tortiera grande. Ripeti gli strati. Far raffreddare qualche ora prima di servire.

64. Crumble di pere con salsa alla vaniglia

Ingredienti:

- 4 pere (150 g ciascuna)
- 1 cucchiaio di succo di limone
- 100 g di farina
- 50 g di zucchero
- 80 g di burro
- 1 cucchiaino di cannella
- Per la salsa alla vaniglia:
- 150 ml di acqua
- 50 ml di panna
- 1 bustina di zucchero vanigliato
- 1 cucchiaino di crema pasticcera in polvere

Preparazione:

1. Per il crumble, impastare e sbriciolare burro freddo, farina, zucchero e cannella. Raffreddare per 30 minuti.
2. Tritare le pere e condirle con il succo di limone. Mettere in una casseruola unta (o 4 ciotoline) e distribuire il crumble sopra. Cuocere in forno preriscaldato a 180°C per circa 25 minuti. (Per gli stampini piccoli circa 20 minuti) Per la salsa alla vaniglia, mescolare

tutti gli ingredienti con una frusta e portare a bollore mescolando.

65. Casseruola di riso con ciliegie

Ingredienti:

- 300 ml di acqua
- 150 ml di panna
- 1 bustina di zucchero vanigliato
- 100 g di budino di riso
- 1 uovo
- 1 albume d'uovo
- 50 g di burro
- 50 g di zucchero
- Ridurre 200 g di amarene, scolate
- 1 cucchiaio di pangrattato
- 1 cucchiaio di zucchero

Preparazione:

1. Mescolare l'acqua e la panna in un pentolino e portare a bollore. Spargere il budino di riso e lo zucchero vanigliato e cuocere per 25 minuti a fuoco basso, mescolando di tanto in tanto. Lasciar raffreddare tiepido.
2. Mescolare il burro con lo zucchero fino ad ottenere una crema e incorporare i tuorli d'uovo. Montare gli albumi a neve. Mescolare il budino di riso nel grasso e incorporare l'albume.
3. Mettere le ciliegie in una teglia e versare il composto di riso. Spolverizzare con zucchero e pangrattato. Infornare a 180°C per circa 30 minuti.

66. Povero cavaliere con composta di mele

Ingredienti:

- 4 fette grandi (o 8 piccole) di pane bianco
- 80 ml di panna
- 120 ml di acqua
- 1 uovo
- 1 cucchiaino di crema pasticcera in polvere (per cucinare)
- 2 cucchiai di zucchero
- Briciole di pane
- 40 g di burro
- Zucchero e cannella a piacere
- 400 g di composta di mele

Preparazione:

1. Unire la panna e l'acqua e incorporare la crema pasticcera, lo zucchero e l'uovo fino ad ottenere un composto omogeneo. Tagliare a metà o in quarti le fette di pane bianco e incorporarle al composto di uova. Passare quindi nel pangrattato e cuocere nel burro caldo fino a doratura su entrambi i lati. Condire con zucchero alla cannella e servire con la composta di mele.

67. Frittelle con lamponi e ricotta

Ingredienti:

- 100 g di farina
- 1 uovo
- 200 ml di acqua minerale
- 50 ml di panna
- 1 cucchiaino di lievito in polvere
- 1 pizzico di sale
- 2 cucchiai di olio di colza
- 80 g di lamponi
- 2 cucchiai di miele liquido
- 200 g di ricotta

Preparazione:

1. Mescolare la farina con l'uovo, l'acqua minerale, la panna, il sale e il lievito. Lasciare riposare l'impasto per 10 minuti e friggere 2 frittelle in olio di colza ben caldo.
2. Ricoprite con ricotta e lamponi e versateci sopra il miele.

68. Tiramisù alle fragole

Ingredienti:

- 4 savoiardi
- 4 cucchiai di sciroppo di mandorle o amaretto
- 50 g di zucchero
- 1/2 baccello di vaniglia
- 100 g di mascarpone
- 200 g di crema di quark
- 1 cucchiaio di pistacchi tritati
- 200 g di fragole

Preparazione:

1. Frullate metà delle fragole con 1 cucchiaio di zucchero e la polpa di vaniglia. Tagliare le fragole rimanenti a pezzetti. Mescolare il mascarpone e il quark con lo zucchero rimasto.
2. Spezzettare i savoiardi e dividerli in quattro bicchieri. Versare sopra lo sciroppo di mandorle, cospargere la purea di fragole e le fragole sopra. Versare il composto di quark e guarnire con un pezzo di fragola e i pistacchi.
3. Lasciare macerare in frigorifero per un'ora.

69. Carpaccio di papaya con pesto di menta

ingredienti

- 200 g di papaia matura piccola (1 papaia matura piccola)
- ½ lime biologico
- 8 foglie grandi di menta
- 3 anacardi

Fasi di preparazione

1. Tagliare a metà la papaya per il lungo e sminuzzare con un cucchiaino.
2. Sbucciare le metà della papaia e tagliare la polpa a fette spesse 1 cm.
3. Sciacquare il lime con acqua calda e strofinare. Sbucciare la buccia molto sottile con un pelapatate e tagliarla a striscioline molto fini (julienne).
4. Tritare finemente metà delle strisce di lime.
5. Spremere il lime e versare 1-2 cucchiaini di succo sulle strisce di papaya.
6. Lavate la menta, asciugatela e mettete da parte alcune foglie. Tritare finemente il resto, grattugiare con la scorza di lime tritata e 1 cucchiaino di acqua in un mortaio fino a ottenere una pasta fine.
7. Tritare gli anacardi e unirli al pesto di menta.
8. Disponete la papaya in modo decorativo su un piatto e versateci sopra il pesto. Guarnire con foglie di menta e julienne di lime.

70. Cialde di farro con salsa di ciliegie

ingredienti

- 800 g di ciliegie (fresche o in vasetto)
- 1 limone biologico
- 1 cucchiaio di amido di mais
- 75 grammi di zucchero
- cannella
- 150 ml di vino rosso secco
- 250 ml di succo di ciliegia
- 3 uova
- 250 g di farina di farro integrale
- 1 carta. lievito in polvere
- 250 g di latticello
- 3 cucchiai di olio di semi di girasole
- Sale-

- 1 cucchiaino di burro allo yogurt
- Zucchero a velo a piacere

Fasi di preparazione
1. Lavare e snocciolare le ciliegie fresche per la composta; Scolare le ciliegie dal bicchiere.
2. Lavare il limone con acqua calda, strofinare la buccia, spremere il succo e mescolare l'amido con l'acqua. Portare a bollore in una casseruola 25 g di zucchero con la cannella, il succo di limone, il vino rosso e il succo di ciliegia. Cuocere a fuoco medio per circa 5 minuti. Unire la maizena e far addensare la salsa. Aggiungere le ciliegie e la scorza di limone e lasciar raffreddare in una ciotola.
3. Per i waffle, separare le uova e sbattere i tuorli con lo zucchero rimasto fino ad ottenere una crema. Mescolare la farina e il lievito in modo alternato con il latticello e l'olio, incorporare al composto di tuorli d'uovo. Montare l'albume con un pizzico di sale e incorporare.

4. Scaldare la piastra per cialde. Ungete con il burro allo yogurt, aggiungete 2 cucchiai di pastella. Cuocere i waffle dorati uno dopo l'altro. Spolverare i waffle con zucchero a velo e servire con le ciliegie.

71. Torta alla frutta senza zucchero

ingredienti

- 400 g di fichi secchi
- 400 g di frutta secca prugne, albicocche, uvetta
- 400 g di frutta secca ad esempio nocciole, mandorle, noci
- 5 uova
- 125 g di burro
- 200 g di farina di farro tipo 1050
- 1 cucchiaio di cannella
- 1 carta. Garofano sbucciato

Fasi di preparazione

1. Tritare grossolanamente i fichi, la frutta secca e le noci. Separare le uova e montare a neve gli albumi. Sbattere il burro fino a renderlo spumoso, quindi aggiungere il tuorlo d'uovo e la farina e lavorare fino ad ottenere un impasto liscio. Impastare la frutta, le noci e le spezie. Piegare con cura la proteina.
2. Versare l'impasto in una teglia foderata con carta da forno, spianare e cuocere in forno a 175°C (ventilato 150°C; gas: livello 2) per circa 1 ora. Eseguire una prova di ricamo.
3. Sformare la torta e lasciarla raffreddare.

72. Mousse al cioccolato con avocado

ingredienti

- 2 avocado maturi
- 2 cucchiai di latte di cocco
- 40 g di cacao in polvere
- 40 ml di miele
- ½ cucchiaino di vaniglia in polvere
- ½ cucchiaino di semi di chia (macinati)
- 12 lamponi
- 1 cucchiaino di cocco disidratato

Fasi di preparazione

1. Tagliare a metà gli avocado, snocciolarli e metterli in un frullatore.
2. Aggiungere il latte di cocco, il cacao in polvere, il miele, la vaniglia in polvere e i semi di chia macinati.
3. Purea per una massa cremosa.
4. Raffreddare per almeno 30 minuti o durante la notte prima di servire. Togliete i lamponi, lavateli e asciugateli. Guarnire la mousse di avocado al cioccolato con lamponi e cocco disidratato.

73. Gelato di avocado e menta con cioccolato

ingredienti

- 400 ml di latte di cocco (lattina)
- 3 avocado maturi
- 10 g di menta (0,5 mazzetti)
- 2 cucchiai di succo di limone
- 50 g di sciroppo d'agave
- 100 g di gocce di cioccolato a base di cioccolato fondente (contenuto di cacao minimo 70%)

Fasi di preparazione

1. Apri il latte di cocco e versa la parte solida in cima - non agitare prima il barattolo - e mettilo in una ciotola capiente. Sbatti il latte di cocco solido con un frullatore a immersione e poi versalo in una torta o in una casseruola.
2. Tagliare a metà gli avocado, togliere i semi, togliere la polpa e metterli in un frullatore. Lavate la menta, asciugatela e strappate le foglie. Frullare la polpa di avocado con succo di limone, sciroppo d'agave e menta fino a ottenere una massa cremosa e liscia.
3. Versare il composto di avocado sulla crema spumosa di cocco, cospargere con gocce di cioccolato e mescolare con cura ma in modo uniforme. La superficie della massa dovrebbe essere relativamente liscia.
4. Mettere la pellicola sulla massa di gelato e premere leggermente in modo che non ci sia aria tra la pellicola e la massa di gelato. Mettere il ghiaccio in freezer per almeno 2 ore.
5. Fate scongelare brevemente e gustate.

74. Ricotta con prugne

ingredienti

- 700 g di patate
- 6 prugne
- 45 g di burro (3 cucchiai)
- 30 g di miele (2 cucchiai)
- 2 pizzichi di cannella
- 250 g di quark (20% di grasso sulla sostanza secca)
- 50 g di zucchero di cocco
- 30 g di uvetta (2 cucchiai)
- 150 g di farina di farro tipo 1050
- 1 uovo
- 1 pizzico di cardamomo in polvere

- 1 pizzico di chiodi di garofano in polvere

Fasi di preparazione

1. Per le cosce di quark, sbucciate, lavate e tagliate a cubetti le patate e fatele cuocere dolcemente in acqua bollente per circa 15 minuti a fuoco medio. Quindi scolare e lasciare raffreddare per 10 minuti.
2. Nel frattempo lavate le prugne, tagliatele a metà, privatele del nocciolo e tagliate le prugne a rondelle. Scaldare 1 cucchiaio di burro in una piccola casseruola. Aggiungere le prugne e stufare per 3 minuti a fuoco medio. Aggiungere il miele e far caramellare per 5 minuti. Insaporite con un pizzico di cannella.
3. Schiacciare le patate attraverso una pressa per patate in una ciotola. Unite alle patate il quark, lo zucchero, l'uvetta, la farina, l'uovo e le spezie e impastate il tutto fino ad ottenere un impasto liscio; se è troppo umido, aggiungete un po' di farina. Formate con l'impasto 18 biscotti piccoli.
4. Friggere le palline di quark una alla volta. Scaldare 1 cucchiaino di burro in una padella.

Aggiungere 4-5 mucchietti di pasta e cuocere a fuoco medio per circa 3-4 minuti fino a doratura su ogni lato; Usa anche il resto della pastella. Servire la coscia di quark con le prugne.

75. Ghiaccioli zucchine e menta

ingredienti

- 2 zucchine
- 10 g di zenzero (1 pezzo)
- 30 g di zucchero di fiori di cocco (3 cucchiai)
- 5 g di menta (1 manciata)
- 50 ml di succo di limone
- 2 cucchiai di miele

Fasi di preparazione

1. Pulite, lavate e grattugiate finemente le zucchine. Sbucciare lo zenzero e grattugiarlo finemente.
2. Mescolare le zucchine con lo zucchero di fiori di cocco e lo zenzero. Lavare le foglie di menta, scolare, mescolare con il composto di zucchine e dividere in 8 stampini per gelato.
3. Mescolare il succo di limone con 450 ml di acqua e miele. Riempite degli stampini da ghiaccio e lasciate congelare per circa 1 ora. Quindi inserire dei bastoncini di legno e lasciare congelare per altre 3 ore. Togliere dagli stampini per servire.

76. Ghiacciolo Skyr al ribes

ingredienti

- 250 g di ribes rosso
- 1 limone biologico (scorza)
- 3 cucchiai di sciroppo d'acero
- 200 g di skyr
- 100 g di yogurt greco
- 100 g di panna montata

Fasi di preparazione

1. Staccare il ribes dalle pannocchie, lavarlo e frullare finemente insieme alla scorza di limone ea 2 cucchiai di sciroppo d'acero. Filtrare il composto attraverso un colino fine in una ciotola.
2. Mescolare lo skyr con lo yogurt in un'altra ciotola. Aggiungere 1/3 di esso alla purea corrente e mescolare.
3. Mescolare il resto dello sciroppo d'acero nel resto della miscela di yogurt skyr. Montare la panna a neve ferma e spalmarla a metà su ciascuna delle due masse e incorporare con cura.
4. Versate il composto alternativamente in 6 stampini per gelato e mescolate delicatamente con un cucchiaio. Congelare per circa 1 ora. Quindi inserire dei bastoncini di legno e lasciare congelare per altre 3 ore.
5. Per servire, togliere il ghiaccio dagli stampini e servire su un piatto di ardesia ghiacciato a piacere.

77. Ghiacciolo all'ananas

ingredienti

- 600 g di polpa di ananas fresca
- 100 g di lamponi
- 200 g di crema di cocco (senza zucchero)
- 50 g di sciroppo di riso
- 1 lime (succo)

Fasi di preparazione

1. Tagliare a pezzi la polpa di ananas, metterne da parte 100 g. Lavate accuratamente i lamponi e asciugateli.
2. Mescolare la crema di cocco con lo sciroppo di riso. In un frullatore mettete l'ananas, la crema di cocco e il succo di lime e frullate finemente.
3. Versate il composto in 8 stampini per ghiaccio, aggiungete 4-5 lamponi e lasciate congelare per circa 1 ora. Quindi inserire dei bastoncini di legno e lasciare congelare per altre 3 ore. Per servire, togliere il gelato dagli stampini e servire con i pezzi di ananas messi da parte.

78. Gelato al cocco e cioccolato con semi di chia

ingredienti

- 400 ml di latte di cocco
- 4 cucchiai di sciroppo d'acero
- 15 g di cacao in polvere (2 cucchiai; molto oliato)
- 2 bustine di tè chai
- 12 g di semi di chia bianca (2 cucchiai)
- 250 g di yogurt di soia
- 30 g cioccolato fondente (almeno 70% cacao)

Fasi di preparazione

1. Metti il latte di cocco in una casseruola. Aggiungere lo sciroppo d'acero e il cacao in polvere e scaldare, ma non portare a ebollizione. Appendere in bustine di tè, coprire, togliere dal fuoco e lasciare in infusione per 30 minuti. Quindi estrarre la bustina di tè e spremere il liquido. Incorporare 1 1/2 cucchiaio di semi di chia e yogurt.
2. Versate il composto in 8 stampini da ghiaccio e lasciate congelare per circa 1 ora. Quindi inserire dei bastoncini di legno e lasciare congelare per altre 3 ore.
3. Tritare il cioccolato e farlo sciogliere a bagnomaria. Togliete il gelato dagli stampini e decorate con il cioccolato e i restanti semi di chia.

79. Mousse di cheesecake ai lamponi

ingredienti

- 1 tazza di ripieno di limonata leggera
- 1 lattina da 8 once di formaggio cremoso a temperatura ambiente
- Dolcificante senza calorie in pellet SPLENDA da 3/4 di tazza
- 1 CUCCHIAIO. a t. di scorza di limone
- 1 CUCCHIAIO. a t. Estratto di vaniglia
- 1 tazza di lamponi freschi o congelati

preparazione

1. Sbattere la crema di formaggio finché non brilla; Aggiungere 1/2 tazza di granuli SPLENDA e mescolare fino a quando non si scioglie. Unire la scorza di limone e la vaniglia.
2. Conserva alcuni lamponi per la decorazione. Schiacciare i lamponi rimanenti con una forchetta e mescolare con 1/4 di tazza di pellet SPLENDA fino a quando non si sono sciolti.
3. Fügen Sie leicht die Klumpen- und Käsefüllung hinzu und fügen Sie dann vorsichtig, aber schnell zerdrückte Himbeeren hinzu. Teilen Sie diese Mousse mit einem Löffel in 6 Auflaufförmchen und bewahren Sie sie bis zur Verkostung im Kühlschrank auf.
4. Guarnire la mousse con i lamponi tenuti da parte e guarnire con menta fresca prima di servire.

80. Biscotti con gocce di cioccolato

Ingredienti:

- 2 tazze di farina (280 grammi)
- 2 unità di uova
- 1 tazza di gocce di cioccolato
- 1 tazza di zucchero (200 grammi)
- 1 tazza di burro (225 grammi)
- 1 cucchiaino di lievito per dolci

Fasi di preparazione

1. Prendete una ciotola e mescolate bene il burro e lo zucchero per fare i biscotti fatti in casa.
2. Quindi aggiungere le uova e continuare a sbattere. Dopo l'integrazione, aggiungere la farina precedentemente setacciata con il lievito e mescolare fino a formare una massa omogenea.
3. Infine aggiungete le gocce di cioccolato e amalgamate all'impasto con un cucchiaio, una spatola o con le mani. Potete far riposare l'impasto in frigorifero per 20 minuti e impastare per altri 3 minuti quando lo estraete. In questo modo, ottiene una maggiore consistenza.
4. Formate i vostri biscotti e disponeteli sulla teglia con un po' di spazio tra di loro. Infornate i biscotti con gocce di cioccolato per 20 minuti e voilà!

81. Sorbetto al mango

Ingredienti:

- grandi manghi congelati (sbucciati e snocciolati)
- 1 tazza di tè al latte
- 1 lattina di crema
- 1 lattina di latte condensato

Modalità di preparazione:

1. Metti il mango e il latte in un frullatore.
2. Sbattere il tutto per 5 minuti.
3. Quindi aggiungere la panna e il latte condensato, mescolare con l'aiuto di un cucchiaio.
4. Sbattere per altri 3 minuti.
5. Mettere questo composto in una casseruola e riporre nel congelatore o nel congelatore.
6. Lasciar riposare per 3 ore.
7. Trascorso questo tempo, versare il contenuto nel frullatore.
8. Sbattere il tutto per 10 minuti ad alta velocità.
9. Versare in una casseruola con coperchio e riporre in freezer o freezer per altre 4 ore.
10. Servire subito.

82. Sorbetto alla vodka al limone

ingredienti

- 200 g di zucchero semolato
- 4 limoni (succo)
- 1 limone (scorza, grattugiato)
- 4 cl di vodka
- 100 ml di vino bianco
- 2 albumi (montati cremosi con 2 cucchiai di zucchero)

preparazione
1. Per il sorbetto alla vodka al limone, far bollire circa 400 ml di acqua con lo zucchero e la scorza di limone. Aggiungere il succo di limone, la vodka e il vino bianco e congelare nella macchina del ghiaccio. Oppure versare il composto in una padella poco profonda e congelare, mescolando ripetutamente con la frusta.
2. Poco prima di servire, incorporare l'albume cremoso con lo zucchero al sorbetto alla vodka al limone. Il soretto deve risultare bello cremoso e soffice.

83. Anguria alla griglia

ingredienti

- 1 kg di anguria (1 pezzo)
- 6 noci di macadamia
- 20 g di mandorle a lamelle (2 cucchiai)
- 2 melissa
- ½ lime
- 8 cucchiai di sciroppo d'acero

Fasi di preparazione

1. Tagliate il melone in 8 fette spesse con un grosso coltello; rimuovere i semi grandi.
2. Usa un coltellino per tagliare la carne dalla pelle.
3. Tritare le noci di macadamia. Mettere in una teglia unta con le scaglie di mandorle. Friggere senza grassi e lasciar raffreddare.
4. Lavate la melissa, asciugatela, strappate le foglie e tritatele grossolanamente.
5. Frullare molto finemente le noci raffreddate e la melissa con un frullatore a immersione.
6. Spremere mezzo lime e misurare 2 cucchiai di succo.
7. Aggiungere il succo di lime e lo sciroppo d'acero alla massa di noci e melissa e mescolare bene.
8. Scaldare una griglia. Grigliare brevemente le fette di melone su entrambi i lati. Servire l'anguria grigliata con il pesto di melissa di macadamia.

84. Ciotola fredda alla fragola

ingredienti

- 250 g di latticello
- 125 g di panna montata
- 125 g di yogurt
- 250 g di fragole
- 3 cucchiai di zucchero
- 1 spruzzata di succo di limone
- 1 cucchiaino di zucchero vanigliato

preparazione

1. Per la ciotola fredda alla fragola, frulla tutti gli ingredienti e metà delle fragole in un frullatore.
2. Tagliare a metà la seconda metà delle fragole e mescolare con la massa frullata prima di servire. Incorporare con cura la panna montata.
3. Servire la coppa di fragole fredda nelle ciotole. Decorate con menta, scaglie di cioccolato, pistacchi o qualcosa di simile.

85. Albicocche cotte al miele

Ingredienti:

- Olio d'oliva per ungere
- 4 albicocche fresche, tagliate a metà, snocciolate
- ½ tazza di noci, tritate grossolanamente
- Un pizzico di sale marino
- ½ tazza   miele

Preparazione:
1. Preriscaldare il forno a 350 ° F.
2. Foderare una teglia con carta da forno e ungere con olio.
3. Stendere le albicocche e cospargere con le noci. Con il sale.
4. Con il sale. Irrorare con il miele. Infornare per 25 minuti.
5. Togli il fornello. Mettere la frutta con le noci in ciotole individuali.

86. Torta di riso con mortadella

ingredienti
- 2 tazze di riso cotto
- ½ tazza di farina
- 2 uova
- Mortadella a piacere
- Prezzemolo a piacere
- Erba cipollina a piacere
- Pepe nero a piacere

preparazione

1. Mettere il riso cotto, le uova e la farina in un recipiente capiente;
2. Condire con pepe nero, prezzemolo ed erba cipollina;
3. Aggiungere la mortadella tritata finemente e mescolare bene fino ad ottenere una pastella omogenea;
4. Formate i biscotti con le mani;
5. Stendete i biscotti che entrano nell'Airfryer e fateli friggere per 10 minuti ad una temperatura di 200 gradi;

87. Polpette

ingredienti

- 400 g di carne macinata
- 1 spicchio d'aglio schiacciato
- 1/4 di cipolla tritata
- 2 cucchiai di odore verde
- 1 cucchiaino di paprika o paprika
- 1/2 bustina di brodo in polvere (facoltativo)
- Sale e pepe nero a piacere

preparazione
1. Mescolare tutti gli ingredienti in una ciotola e impastare bene con le mani per creare un composto omogeneo.
2. Formate una palla e versatela direttamente nel cestello della friggitrice ad aria calda.
3. Programmare la macchina per 15 minuti a 200 gradi.
4. Scuotere il cestello della friggitrice metà del tempo in modo che le polpette siano dorate uniformemente.

88. Crosta di cioccolato

ingrediente

- 1 buccia d'arancia sottile
- $\frac{3}{4}$ tazza di pistacchi, tostati, refrigerati e tagliati a pezzi grandi
- $\frac{1}{4}$ tazza di nocciole, tostate, refrigerate, sbucciate e tagliate a pezzi grandi
- $\frac{1}{4}$ tazza di semi di zucca, tostati e refrigerati
- 1 cucchiaio di semi di chia
- 1 cucchiaio di semi di sesamo, tostati e raffreddati
- 1 cucchiaino di scorza d'arancia grattugiata
- 1 baccello di cardamomo, finemente macinato e setacciato

- 12 once (340 g) di cioccolato fondente temperato non caseario (65% di cacao)
- 2 cucchiaini di sale marino in fiocchi
- Termometro per caramelle o caramelle

processi

1. Preriscaldare il forno a 100-150 ° F (66 ° C). Foderare una teglia con carta da forno.
2. Tagliare l'arancia trasversalmente a fettine sottili e disporle sulla teglia preparata. Cuocere per 2 o 3 ore, fino a quando non è asciutto ma leggermente appiccicoso. Estraetela dal forno e fatela raffreddare.
3. Quando sono abbastanza fredde da poter essere lavorate, tagliare a pezzetti le fette di arancia; metterli da parte.
4. In una ciotola capiente, mescolate le noci, i gherigli e la scorza d'arancia grattugiata fino a completa miscelazione. Disponete il composto in un unico strato su una teglia foderata di carta da forno. Mettilo da parte.
5. Sciogliere il cioccolato a bagnomaria fino a raggiungere i 32-33°C e versarlo sul composto di noci fino a ricoprirlo completamente.

6. Quando il cioccolato sarà mezzo freddo ma ancora appiccicoso, cospargete la superficie con sale marino e pezzetti di arancia.
7. Mettere il composto in una zona freddaLa tua cucina o refrigerare fino a quando la crosta è completamente raffreddata e tagliata a pezzetti.

89. Granola fatta in casa

ingrediente

- 3 tazze di farina d'avena
- ¼ tazza di noci crude tritate
- ¼ tazza di noci pecan crude, tritate
- ¼ tazza di mandorle crude, tritate
- ½ tazza di puro sciroppo d'acero
- 2 cucchiaini di vaniglia
- 2 cucchiaini di cannella
- 1 pizzico di sale (facoltativo)

processi

- Preriscaldare il forno a 250-300 ° F (149 ° C).
- Mettere tutti gli ingredienti in una ciotola, mescolare bene e coprire il tutto con lo sciroppo d'acero. Stendere il composto su una teglia o una griglia.
- Cuocere per 30-40 minuti, mescolando di tanto in tanto, fino a quando il composto diventa marrone. Far scorrere la piastra superiore sulla griglia e lasciarla raffreddare completamente. Raffreddare la granola in un bicchiere sigillato.

90. Spuma di moka su more

ingredienti

- 300 g di yogurt alla vaniglia
- 140 ml di panna montata
- 13 g di caffè espresso in polvere (solubile)
- 48 g di zucchero a velo

preparazione

1. Per la spuma di moka, mescolare tutti gli ingredienti fino a quando lo zucchero a velo e la polvere per caffè espresso non si sono completamente sciolti.
2. Versare in un sifone iSi da 0,5 L, avvitare un cassetto per crema iSi e agitare energicamente. Raffreddare in frigorifero per 1-2 ore.
3. Mescolare le more fresche o congelate con 3-4 cucchiai di zucchero semolato e versare in un bicchiere. Servire con spuma di moka e amarettini sbriciolati.

91. Crema di riso al latte alla fragola dal piroscafo

ingredienti

- 150 g di riso al latte (a grani tondi)
- 500 ml di latte
- 1 pz Baccello di vaniglia
- 30 g di zucchero di canna integrale (marrone)
- 250 g fragole (fresche)

preparazione

1. Per la crema di riso al latte alla fragola, lavare le fragole, togliere il picciolo e tagliarle a pezzi. Mettere da parte alcune fragole intere per la decorazione.
2. Raschiare il baccello di vaniglia e mettere la polpa insieme al latte, al riso e allo zucchero in un contenitore non forato. Cuocere a vapore per 30 minuti a 100°C. Aggiungere le fragole per gli ultimi 3 minuti.
3. Frullate tutto brevemente. Riempire la crema di riso al latte alla fragola finita nelle ciotole, decorare con una fragola fresca e servire.

92. Torta di pere e semi di papavero in tazza

ingredienti

- 50 g di semi di papavero
- 2 pere
- 50 g di noci (tritate)
- 100 g di farina
- 2 cucchiaini di lievito per dolci
- 2 uova
- 100 g di quark
- 3 cucchiai di latte
- 75 grammi di zucchero
- 1 cucchiaio di rum

preparazione

1. Sbucciare le pere, togliere il torsolo e tagliarle a cubetti.
2. Separare le uova e sbattere i tuorli con lo zucchero fino a renderli spumosi.
3. Montare gli albumi a neve non troppo ferma.
4. Incorporate al composto di tuorli il quark, il latte, i semi di papavero, il rum, le noci, le pere e la farina mescolata con il lievito.
5. Rivestite 4 pirottini ignifughi con carta da forno.
6. Infine, incorporare l'albume al composto di semi di papavero e versare nelle tazze.
7. Cuocere la torta in forno preriscaldato a 160°C per circa 35 minuti.

93. Gratin di cagliata di fragole

ingredienti

- 200 g di fragole
- 2 pezzi di tuorli d'uovo
- 30 g di zucchero a velo
- Spumante 4cl
- 1/2 limone (succo e scorza, non trattati)
- 30 g di quark (20% di grasso sulla sostanza secca)
- 1 cucchiaio di panna (montata)
- Zucchero a velo (per spolverare)

preparazione

1. Per il gratin di quark alla fragola, preriscaldare il forno alla massima temperatura possibile o grigliarlo. Ordinate le fragole, lavatele brevemente e asciugatele. Tagliare a metà le fragole.
2. Per il gratin, mescolare i tuorli con lo zucchero a velo, lo spumante, il succo e la scorza di limone e sbattere a bagnomaria fino a ottenere una schiuma. Togliere la ciotola dal bagnomaria e incorporare con cura il quark e la panna. Distribuire tre quarti dei frutti di bosco su piccoli piatti da gratinare piatti o piatti da forno e versarvi sopra il composto per gratinare. Spargere sopra il resto delle bacche e premere leggermente.
3. Cuocere in forno (preferibilmente sotto il grill) sulla griglia centrale fino a quando la superficie non sarà dorata. Togliere il quark alla fragola gratinato, spolverare con zucchero a velo e servire nella tortiera.

94. Gnocchi di fragole fatti con la pastella in vaso

ingredienti

- 250 g di quark
- 60 g di burro
- 1 uovo
- 1 pizzico di sale
- 125 g di farina
- 8 fragole (grandi)
- Sale-
- Burro (per arrotolare)
- Pangrattato (da arrotolare)
- Zucchero a velo (o zucchero alla cannella)

preparazione

1. Preparare un impasto per gnocchi con gli ingredienti indicati, formare un rotolo e dividere in otto porzioni. Premere leggermente i pezzi di pasta.
2. Adagiate al centro le fragole, formate degli gnocchi e cuocete in acqua frizzante salata per circa 10 minuti. Scolare gli gnocchi e scolarli.
3. In una padella fate sciogliere abbastanza burro, tostate brevemente il pangrattato, ma non fatelo scurire troppo.
4. Aggiungere gli gnocchi di fragole, scuoterli nella padella e servire spolverizzati con zucchero a velo o zucchero alla cannella.

95. Tazza di strudel in stampini da muffin

ingredienti

- 2 fogli di pasta fresca per strudel della zia Fanny
- 2 cucchiai di zucchero semolato
- 1 cucchiaino di cannella (macinata)
- 10 mandorle (tritate)
- 300 g di mirtilli (in alternativa lamponi o fragole)
- 250 g QimiQ
- 250 g QimiQ (o panna montata)
- 80 g di zucchero a velo
- Burro (per spennellare)

preparazione

1. Per la coppa strudel negli stampini da muffin, preparate prima la crema. Mescolare i mirtilli con lo zucchero a velo e filtrare. Aggiungere il QimiQ e incorporare la panna acida. Raffreddare per 3 ore! Togliete le sfoglie di strudel dal frigorifero e preriscaldate il forno a 160°C.
2. Dividete ogni sfoglia in 6 quadrati uguali, spennellate con burro fuso, spolverizzate con zucchero semolato, cannella e mandorle tritate e adagiate negli stampini da muffin. Premere con attenzione. Cuocere in forno preriscaldato sulla griglia inferiore per circa 8 minuti, lasciare raffreddare lo strudel e toglierlo dallo stampo.
3. Versare la crema di mirtilli raffreddata negli stampini per pasta raffreddati, decorare con frutti di bosco freschi e panna montata.

96. Tiramisù al lampone brillo

ingredienti

- 40 savoiardi
- 1 bicchierino di liquore al lampone
- 500 g Lamponi (freschi)

Per la crema:

- 2 uova
- 100 g di zucchero
- 500 g di mascarpone

preparazione

1. Per la crema, sbattere le uova con lo zucchero fino a renderle spumose. Versare il mascarpone.
2. Mettere alcuni savoiardi in una ciotola adatta e irrorare con il brandy di lamponi. Spalmate sopra dei lamponi e ricoprite con la crema al mascarpone. Continuate a stratificare in questo ordine fino ad esaurimento degli ingredienti. Finire con la crema al mascarpone.
3. Raffreddare il tiramisù per almeno 2 ore.

97. Riso integrale al latte con ciliegie

ingredienti

- 200 g di riso naturale a chicco corto
- 675 ml di bevanda all'avena (latte d'avena)
- 1 cucchiaino di vaniglia in polvere
- 300 g di amarene surgelate
- 30 g di sciroppo d'agave
- ½ cucchiaino di agar agar
- 1 cucchiaino di cannella

Fasi di preparazione

1. Portare a bollore il riso a chicco corto con 450 ml di bevanda all'avena e la vaniglia in un pentolino. Fate sobbollire in una casseruola semichiusa a fuoco basso per circa 70 minuti, mescolando di tanto in tanto e versate la restante bevanda all'avena.
2. Nel frattempo scaldare in un pentolino le amarene con 10 g di sciroppo d'agave. Scolare le ciliegie in uno scolapasta e raccogliere il succo. Mescolare l'agar-agar con 3 cucchiai di acqua fredda. Aggiungere al succo di ciliegia e portare brevemente a ebollizione in una piccola casseruola. Quindi mescolare con le ciliegie.
3. Dolcificare il budino di riso con il resto dello sciroppo d'agave. Per servire, riempire il budino di riso con le ciliegie in ciotole e cospargere di cannella.

98. Gelato al cocco e lime

ingredienti

- 1 lime
- 100 g di zucchero di canna
- 500 ml di acqua di cocco (Tetra-Pak)
- 250 g di mango a piena maturazione (1 mango a piena maturazione)

Fasi di preparazione

1. Spremi il lime. Mettere da parte 3 cucchiai di zucchero. Portare a ebollizione il resto dello zucchero, il succo di lime e 5 cucchiai di acqua di cocco a fuoco medio mescolando e cuocere a fuoco lento finché lo zucchero non si sarà sciolto.
2. Lascia raffreddare un po' il liquido sciropposo e mescola con il resto dell'acqua di cocco. Quindi lasciate raffreddare completamente a temperatura ambiente.
3. Mescolate bene il composto, mettetelo in una teglia e mettete in freezer. Non appena il liquido inizia a congelare intorno ai bordi, mescolare bene con una frusta. Congelare per circa 4 ore mescolando più volte.
4. Sbucciare il mango e tagliare la polpa dal torsolo a fette spesse.
5. Tagliare le fette di mango a forma di ventaglio e dimezzarle per il lungo.
6. Spolverare con lo zucchero rimasto e caramellare con un becco Bunsen (o sotto il grill). Disporre le fette di mango nei piatti. Mettere il

gelato al cocco nei bicchieri o tagliare a palline e aggiungere. Servire subito.

99. Budino al latte di chia e mandorle

ingredienti

- 50 g di semi di chia
- 300 ml bevanda alla mandorla (latte di mandorla)
- 2 cucchiai di sciroppo d'acero
- 1 banana
- 2 pizzichi di vaniglia in polvere
- 1 manciata di bacche di goji essiccate
- 1 cucchiaio colmo di fave di cacao

Fasi di preparazione

1. In una ciotola mettete i semi di chia, il latte di mandorle, lo sciroppo d'acero, la banana sbucciata e la vaniglia. Lasciare in ammollo per almeno 40 minuti (o tutta la notte).
2. Frullate il tutto con il frullatore a immersione fino ad ottenere una crema omogenea, aggiungete del latte di mandorle se necessario.
3. Versare in una ciotola o in un bicchiere da dessert e servire guarnendo con bacche di goji e granella di cacao.

100. Insalata di arance e pompelmi

ingredienti

- 125 g di arancia bio piccola (1 arancia bio piccola)
- 175 g pompelmo rosa piccolo (qualità biologica, 1 pompelmo rosa piccolo)
- 1 dattero secco

Fasi di preparazione

1. Sciacquare l'arancia e il pompelmo con acqua calda e strofinare.
2. Con un pelapatate, tagliare molto sottilmente una striscia di buccia lunga circa 3 cm da entrambi i frutti e trasversalmente a strisce sottili.
3. Sbucciare l'arancia e il pompelmo in modo da eliminare anche la buccia bianca.
4. Ritagliare i filetti di frutta tra le membrane di separazione; lavorare sopra una ciotola e raccogliere il succo.
5. Dimezzare il dattero per il lungo, togliere il nocciolo se necessario, tagliare la polpa a striscioline molto fini.
6. Mescolare le strisce di dattero con i filetti di frutta, metà delle strisce di buccia e il succo catturato in una ciotola. Lascia in infusione per 10 minuti. Disporre su un piatto e cospargere con le restanti strisce di buccia.

CONCLUSIONE

Ricordate che il dolce va gustato con moderazione, cioè consumato solo un pezzetto modesto per poter mantenere una dieta sana ed evitare l'aumento di peso.

www.ingramcontent.com/pod-product-compliance
Lightning Source LLC
Chambersburg PA
CBHW071817080526
44589CB00012B/818